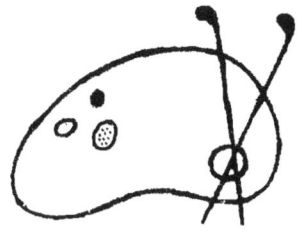

Début d'une série de documents en couleur

Couverture inférieure manquante

Auguste CHAUVIGNÉ

RECHERCHES
SUR LES
VOIES DE COMMUNICATION
DE
L'ANCIENNE PROVINCE DE TOURAINE

> Cette terre de douceurs, de
> joies et de délices ne produit
> que des habitants qui lui
> ressemblent.
> Le Tasse.
> La Jérusalem délivrée.

TOURS
LIBRAIRIE PÉRICAT
41, RUE DE LA SCELLERIE, 41
1887

Imp. Barbot-Berruer, Tours.

Fin d'une série de documents en couleur

Auguste CHAUVIGNÉ

RECHERCHES

SUR LES

VOIES DE COMMUNICATION

DE

L'ANCIENNE PROVINCE DE TOURAINE

> Cette terre de douceurs, de
> joies et de délices ne produit
> que des habitants qui lui
> ressemblent.
> LE TASSE.
> La Jérusalem délivrée.

TOURS
LIBRAIRIE PÉRICAT
41, RUE DE LA SCELLERIE, 41
1887

Imp. Barbot-Berruer, Tours.

INTRODUCTION

Notre intention, en publiant cet ouvrage, n'a pas été de faire l'histoire, si complexe, des voies de communication, dont les développements naturels nous entraîneraient dans l'étude de l'histoire commerciale, industrielle, agricole et économique de la région.

L'étude de cette importante question a été présentée, en 1886, à la Société de Géographie de Tours, qui l'a couronnée dans des conditions qui ne lui permettent pas de publier un travail aussi considérable.

Nous avons pensé qu'il pouvait être utile de ne pas laisser dans l'ombre des documents qui ne sont pas sans importance, et, dégageant le sujet de toutes ses considérations d'ensemble, extrayant du mémoire tout ce qui nous a paru intéressant, nous avons réuni sous le titre de *Recherches* tous les documents, tous les faits qui constituent le fonds du travail.

Cette circonstance nous a permis de joindre à ce texte la reproduction de deux de nos cartes qui accompagnaient le travail complet, et de publier, ainsi groupés, réunis et augmentés, des renseignements qui n'avaient été, jusqu'à ce jour, que l'objet d'études isolées et incomplètes.

Ces deux cartes, que le lecteur trouvera à la fin de ce volume, en constituent la partie la plus importante et la plus neuve, dont les pages qui suivent sont l'explication.

A. C.

RECHERCHES
SUR LES
VOIES DE COMMUNICATION
DE

L'ANCIENNE PROVINCE DE TOURAINE

Cette terre de douceurs, de joies et de délices ne produit que des habitants qui lui ressemblent.
LE TASSE.
La Jérusalem délivrée.

La main de la Providence paraît se trahir dans ce merveilleux ensemble qu'on prendrait volontiers pour l'œuvre de la réflexion et du calcul, et non pour l'effet du hasard.
STRABON.

1re PARTIE

La Touraine sous les Gaulois et les Francs

CHAPITRE Ier

Etat primitif et topographie de la Touraine indépendante ; les Turones ; la Touraine romaine. — Fleuves et rivières. — Variations du lit de la Loire. — Transactions commerciales. — Ports Gallo-Romains. — Bois et forêts. — Voies romaines. — Grandes voies. — Ensemble du système des voies romaines.

État primitif et topographie de la Touraine indépendante ; les Turones ; la Touraine romaine.

Les paroles qui précèdent cet ouvrage et que Strabon a écrites en pensant à la Gaule, sont également bien applicables à la Touraine. Quelle région de la France peut, en effet, offrir un accord aussi parfait, une harmonie aussi grande dans la configuration de son sol, creusé d'une façon si juste et si à propos pour laisser couler, là où il convenait, les plus beaux et les plus importants cours d'eau, formant dans leur ensemble le plus savant réseau de voies naturelles de communication ?

Aussi haut que nous puissions remonter dans notre histoire, que trouvons-nous sur ce sol sauvage et inculte qui fut plus tard la Touraine ? De vastes plaines, des vallées et des plateaux sillonnés au hasard autant par les animaux sauvages que par l'homme ; puis des rivières et des ruisseaux qui murmuraient lentement dans un profond silence encore plus vieux que nos plus anciens souvenirs.

A l'époque où nous pouvons commencer nos recherches, le centre de la Gaule n'était plus traversé par ces peuplades d'origines et de civilisations diverses, qui vivaient en nomades presque sauvages.

Ces tribus se fixaient, semblaient choisir un lieu selon leurs goûts, où elles commençaient à développer les germes de leur industrie.

Vers le centre de la Gaule et un peu à l'Ouest, sur les bords d'un grand fleuve qui fut plus tard appelé *Liger*, l'une de ces tribus, séduite par la douceur du climat, s'était fixée, portant un nom Gallo-Celte qui s'est perdu dans la nuit des temps et que nous avons retrouvé sous la forme *Turones*.

Les limites du territoire occupé par ce peuple sont bien vagues ; on sait seulement que leurs voisins étaient au Nord, les *Aulerci-Cenomani* et les *Carnutæ* ; à l'Est et au Sud les *Bituriges-Cubi*, et enfin à l'Ouest et au Sud les *Andecavi* et les *Pictones* (1).

L'an 55 avant J.-C., quand les aigles romaines firent leur apparition dans les Gaules en y apportant l'influence de leur civilisation, elles fixèrent les peuplades et imposèrent leurs divisions territoriales.

En dehors des deux grands gouvernements qui divi-

(1) Walkenaer, *Archéologie celtique et gauloise*.

saient la Gaule, il y avait dans chacun d'eux plusieurs provinces, et c'est ainsi que le territoire des Turones fut compris dans la 3ᵉ Lyonnaise sous cette dénomination : « *Provinciæ Lugdonensis tersiæ Metropolis civitas Turonum* (1).

Les Francs vinrent ensuite et conservèrent les divisions romaines en y apportant quelques additions peu importantes et qui variaient selon le pouvoir qui les traçait (2).

Mais la Civitas étant la division civile la plus ancienne, nous nous y arrêtons et en adoptons le tracé pour dresser notre carte N° I. (Civitas Turonum), d'après les documents fournis par l'illustre Grégoire de Tours.

FLEUVES ET RIVIÈRES. — Le système des pentes qui distribue les eaux a, de tout temps, formé une disposition merveilleuse des cours d'eau et l'on en conçoit aisément toute l'importance alors qu'ils étaient les seuls moyens de communication.

La pente qui vient du Sud-Est apporte le tribut des montagnes de l'Auvergne et du Limousin ; celle de l'Est-Nord-Est, venant d'Orléans, apporte les eaux de la Loire et de ses affluents, et enfin la ligne de faîte qui sépare la Loire du Loir, donne naissance de chaque côté, à des rivières utiles, mais d'un ordre secondaire.

La Loire, qui traverse la Touraine du Nord-Est au Sud-Ouest, par son importance exceptionnelle fut, dès l'origine, l'artère principale du commerce, de l'industrie et de l'agriculture.

La largeur de son lit, la richesse de sa vallée et de ses

(1) *Documents géographiques sur la Touraine*, par M. de La Ponce. *Mémoires de la Société archéologique de Touraine*, T. IX, page 148.

(2) *Société archéologique de la Touraine*, T. IX, page 149.

coteaux attirèrent vers elle tous les regards émerveillés et lui valurent cet empire de la beauté dont elle était et est encore la gracieuse souveraine, adulée par tous les rêveurs et tous les poètes qui l'ont parcourue.

Autour d'elle quatre belles rivières lui font cortège et, coulant dans des vallées verdoyantes et fraîches, y portent, avec le charme, la fertilité la plus remarquable.

Une multitude d'autres rivières naissent de toutes parts au fond de maints vallons dont le tracé nous est presque complètement fourni par les cartes de Cassini.

D'autre part, les statistiques cadastrales nous apprennent que les eaux couvraient et couvrent encore en Touraine une superficie de 11.031 hectares, savoir :

Rivières et ruisseaux. . . . . 8.265 hectares.
Etangs. . . . . 2.766 —

Total. . . . 11.031 hectares.

C'est-à-dire les 18 millièmes environ de la superficie totale (1).

Nous ne ferons donc ici, pour ne pas renouveler un travail déjà fait, que l'énumération des cours principaux susceptibles de quelque navigation ancienne en mettant en regard les noms primitifs qui sont portés sur notre carte N° I.

(1) *Études sur la Touraine*, par MM. l'abbé C. Chevalier et Charlot.

Liger (La Loire) (1) Rive droite.	Siscia. — La Cisse. Le Mesland. La Ramberge. Brodenna. — La Brenne. Glaudessa. — La Glaudève. Grenassia. — Le Grenet. Gubernessa. — La Gouverne. Fons rupes corbonis. — Le Ruisseau de Rochecorbon. Causilia. — La Choisille. Petite Choisille. Choisille de Monnaie. Choisille de Nouzilly. Choisille de Beaumont. Bresma. — La Bresme. Fons belli fagi. — Ruisseau de Beaufou. Le Breuil. La Roumer. Le Lane. Cambio. — Le Changeon.
Rivières au nord de la Civitas coulant vers le Loir.	Demium. — La Dême. La Vandœuvre. Escotasius. — L'Escotais. L'Ardillière. La Fare. La Maule.
Liger (La Loire) Rive gauche.	Amatissa. — L'Amasse. Caris. — Le Cher. Le vieux Cher. Auger. — Indre. Vigenna. — La Vienne.
Caris (Le Cher) Rive droite.	Le ruisseau de La Croix.

(1) Nous ne pouvons citer tous les titres qui nous ont servi à retrouver les noms anciens que nous signalons. Les archives départementales et municipales les contiennent tous.

Rive gauche.	Fons Faverolæ. — Ruisseau de Farolles. Aqua Hispaniaci. — Ruisseau d'Épeigné. Fons Francolium. — Ruisseau de Francueil. Le ruisseau de Vaugerin. Le ruisseau d'Azay.
Anger (L'Indre) Rive droite.	Balonis. — Le Ballon. Aurifond. — L'Orfond (rivière de Savonnières). Andreis-L'Indrois. { Andricula. — Le Petit-Indrois. Esculeio. — La Tourmente. L'Olivet. Fons Brixis. — Ruisseau de Reignac. Fons Sanctus Laurentius. — R. de St-Laurent.
Rive gauche.	Fons Vernolium. — Rivière de Verneuil. Cantus ranæ. — Rivière de Chantereine. Scandio. — L'Eschandou. Merderon. — Le Mardereau. Le Mantisson. Aqua de Chaillé. — Rivière de Chaillé. Auzonis. — L'Auzon.
Vigenna (La Vienne) Rive droite.	Crosia. La Creuse. { Claisia. La Claise. { Mutuanna. La Muanne. Gurnesia. L'Égronne. Brenno. Le Brignon. Ruttum. — Le Ruton. Evena. L'Esvres. { Striniolus. L'Estrinieul Ligorium. La Ligoire. La Riolle. Le Réveillon. Esmansia. — La Manse.
Rive gauche.	La Veude de Pouçay. L'Usseau. Le ruisseau de Parçay. Borussa. — La Borouse. Vosda. — La Veude. Mablin. — La Mable. Niostrum. — Le Négron.

VARIATIONS DU LIT DE LA LOIRE. — La Loire, dans son ensemble, était au IV° siècle à peu près la même que de nos jours, sauf cependant à l'endroit de sa sortie de la Civitas Turonum.

Un peu au-dessous d'Alingavia (Langeais), le fleuve continuait à couler au pied du coteau, à l'endroit où maintenant s'élèvent plusieurs villes et villages. Le cours du Lane n'est qu'une trace apparente de l'ancien lit de la Loire qui se poursuit jusqu'à Sorgues, près des Ponts-de-Cé, au-dessus de Saumur, et où il recevait le confluent de la Vienne. Cette rivière suivait dans la même vallée le coteau méridional de la Loire, et, passant à Candes, *Condate,* rejoignait ce fleuve à l'endroit que nous venons d'indiquer.

Ces deux cours laissaient entre eux une langue de terre traversée sans doute par de minces filets d'eau non navigables qui les réunissaient, et entre lesquels se poursuivait la forêt de *Caïno.*

L'un de ces ruisseaux existait très probablement en face de Candes, dont le nom latin *Condate,* signifie confluent.

Mais la Loire, charriant de nombreux matériaux avec les siècles, éleva sensiblement son lit, et, de grandes crues survenant, elle déborda dans la vallée.

Elle trouva ainsi un sol plus bas que son lit, s'y jeta avec impétuosité, alla se confondre avec la Vienne et se creusa un nouveau cours.

Enfin, à l'aide de documents certains, il est permis d'établir :

1° Qu'au IV° siècle, le confluent de la Vienne et de la Loire était à *Sorgues :* un texte de Grégoire de Tours ne laisse pas de doute à ce sujet en disant que les disciples de saint Martin, après sa mort, placèrent son corps dans un bateau, *descendirent la Vienne, entrèrent dans le lit de la Loire et se dirigèrent vers Tours* (1).

2° En 950, le confluent se trouvait à Saint-Maur.

3° Sous Philippe-Auguste, à Saumur.

4° Enfin, dans le cours du xii° siècle, une violente inondation vint fixer définitivement le cours actuel de la Loire et placer le confluent de la Vienne en face de Candes, justifiant ainsi son antique étymologie (2).

L'exhaussement successif du lit de la Loire entraîna forcément quelques modifications à l'embouchure du Cher ; un bras principal se ramifiait à peu de distance du confluent et, suivant parallèlement la Loire, s'y jetait en face de Patricius (Saint-Patrice).

TRANSACTIONS COMMERCIALES. — Les voies par terre n'existant pour ainsi dire pas, tous les transports se faisaient à travers mille dangers par la navigation.

Une activité relativement grande régnait dans toutes les parties de la *Civitas*, résultant du trafic commercial, industriel et agricole qui se faisait sur les rives.

Qu'étaient donc les relations mutuelles des peuplades qui s'étaient fixées sur le territoire de la Gaule ? Etaient-elles en rapports avec les autres pays du Nord et de l'Est de l'Europe ? Les documents qui nous sont parvenus sont rares, mais il nous est permis de faire des remarques, de rapprocher des faits et de se demander ce que peuvent bien signifier les étranges points de ressemblance que l'on constate entre les monuments préhistoriques disséminés un peu partout : dans la vallée du Danube, cette voie naturelle des migrations asiatiques, dans l'Itatalie-Septentrionale où la civilisation ombrienne qu'on

(1) Grégoire de Tours, lib. I, chap. XLIII.
(2) M. l'abbé C. Chevalier. *Etudes sur la Touraine*, chap. IV, § II.

a essayé de rattacher à des origines gauloises (1), a précédé celle des Etrusques (2).

Quoique recouverte d'un voile que dix-huit siècles n'ont point déchiré, n'est-il pas permis de croire que les peuples de l'Occident étaient en relations avec ceux de l'Orient ?

La Loire, par sa situation, était, dès l'origine, la grande artère qui unissait l'Océan à la Méditerranée. Les phéniciens, en venant s'établir à Marseille, créèrent ainsi le centre qui alimenta, par leur génie et par leur hardiesse, l'activité commerciale du fleuve.

Ce commerce, venant de l'extérieur, traversait la Touraine et se mêlait aux transactions qui se manifestaient par les rivières sillonnant la région.

Tout, ou presque tout le commerce se faisait par eau ; les grandes rivières, comme parfois les plus petits ruisseaux, servaient à tirer des forêts les bois qu'on y abattait pour les transporter, ainsi que les objets de consommation ordinaire, aux endroits où ils devaient être utilisés.

PORTS GALLO-ROMAINS. — C'est de ce commerce que se créèrent les nombreuses localités que nous retrouvons aujourd'hui sous le nom de *Ports* et qui bordaient les cours d'eau.

Le port, par sa situation sur un cours d'eau, fut presque toujours choisi par les premiers constructeurs de chemins pour point d'intersection, de façon à faciliter les communications.

Nous avons pu compléter, dans des proportions considérables, la maigre liste citée par *Mabille* dans sa géo-

---

(1) Desjardins, II, p. 124-125.
(2) *Histoire du commerce de la France*, par Pigeonneau, 1re partie, page 4.

graphie de la Touraine ; d'autres noms pourront sans doute lui être ajoutés à mesure que les documents se produiront. Nous les avons signalés spécialement en bleu, sur notre carte N° 1, sous le nom de ports Gallo-Romains et nous en donnons l'énumération avec les sources en regard dans les tableaux qui suivent.

PORTS GALLO-ROMAINS
Indiqués sur la carte N° 1. — CIVITAS TURONUM.

NOM ANCIEN	NOM ACTUEL	SOURCES
Cours de la Loire (Liger).		
Portus Ambasiæ.	Amboise.	Mabille. — Notes sur la Géographie de la Touraine.
Portus Navicollæ.	Nazelles.	Longnon. — Géographie de la Gaule.
Portus Mons Laudiacus.	Montlouis.	Grégoire de Tours, Histoire des Francs, charte de Théolon.
Portus Rupium.	Rochecorbon.	Cartulaire de l'archevêché de Tours.
(Portus de Scalariis.		
Cæsarodunum {Portus Bretanniæ.	Tours.	Grégoire de Tours. — Histoire des Francs, D. Housseau, VII, 2965. — Charte de Geoffroy, archevêque de Tours.
(Portus S. Juliani.		
Portus sancti Cirici.	Saint-Cyr.	D. Housseau, V, 1700.
Portus Malliaciencis.	Luynes.	Carte de Cassini.
Portus Lengiaci.	Langeais.	Grégoire de Tours. — Histoire des Francs, Liv. X. — Charte de Eudes, comte de Blois et de Tours.
Portus S. Michaelis.	Saint-Michel.	Charte d'Aimery-Machel.
Cours du Cher (Caris).		
Portus Montrichardus.	Montrichard.	Archives d'Indre-et-Loire, C. 336-655.
Portus Severiacus.	Civray.	Longnon. — Géographie de la Gaule.
Briotreis.	Bléré.	Grégoire de Tours. — Histoire des Francs, Liv. X.
Aziacus.	Azay.	Archives d'Indre-et-Loire. — Titres de Saint-Martin.
Venciacus.	Saint-Avertin.	Charte de Hugues, abbé de Saint-Martin.
Portus de Cordum.	Port-Cordon.	Archives d'Indre-et-Loire. — Inventaire des titres de Port-Cordon. — Titres de Saint-Julien, C. 336, 650 — E. 369. — G. 14. — E. Mabille. — Divisions territoriales de la Touraine, 170.
Saponaria.	Savonnières.	Archives d'Indre-et-Loire, C. 602.
Portus Balbiencis.	Port-Balby.	Grégoire de Tours. — De Miraculis B. Martini. — Carte de Cassini.

NOM ANCIEN	NOM ACTUEL	SOURCES
Cours de l'Indre (Auger).		
Castellionum.	Châtillon-sur-Indre.	Archives d'Indre-et-Loire. — Charte de Marmoutier, C. 336-587.
Lucca.	Loches.	Topographie ancienne des environs de Loches, par M. D.-H. Lesourd.
Belli-Locus.	Beaulieu.	Id.
Cambortus.	Chambourg.	Id.
Aziacus.	Azay-sur-Indre.	Cartulaire de Noyers, 250-371.
Brixis.	Réignac.	Topographie ancienne des environs de Loches, par M. L.-H. Lesourd.
Cormaricus.	Cormery.	Charte d'Ithier, abbé de Saint-Martin, 791. Topographie ancienne des environs de Loches, par M. L.-H. Lesourd.
Evena.	Esvres.	Longnon. — Géographie de la Gaule.
Rotomagus.	Pont-de-Ruan.	Charte de Saint-Martin, 900.
Rivarennus.	Rivarennes.	Cartulaire de Cormery.
Cours de la Vienne (Vigenna).		
Antoniacus.	Antogny.	Charte de Dagobert. — Diplôme I, 53-58.
Portus.	Ports.	Cartulaire de Noyers et de l'archevêché de Tours.
Pouziacus.	Pouzay.	Mabille. — Tracé des voies romaines. Archives d'Indre-et-Loire, G. 326-335.
Crucilia.	Crouzilles.	Mabille. — Tracé des voies romaines.
Portus Insulæ.	L'Isle-Bouchard.	Cartulaire de Noyers.
Riperia.	Rivières.	Charte de Marmoutier, Xᵉ S.
Portus Cagnonensis.	Chinon.	Grégoire de Tours, Liv. V et X.
Portus Condatensis.	Candes.	Grégoire de Tours, Liv. X.
Cours de la Creuse.		
Tournomagus.	Tournon.	Grégoire de Tours.—Histoire des Francs, Liv. X, ivᵉ siècle.
Iciodorum.	Iseures.	Grégoire de Tours. — Histoire des Francs, Liv. X, ivᵉ siècle.
Barraum.	Barrou.	Grégoire de Tours. — Liv. VI et X.
Portus de Pilis.	Port-de-Piles.	Cartulaire de Noyers.

Cours de la Brenne (Bredonna).		
Solonacum.	Sonnay.	Longnon. — Géographie de la Gaule.
Austrechia.	Autrêche.	Charte de Charles Legros.
»	Port-Bouin.	Chartrier de Marmoutier.
Cours de la Choisille (Causillia).		
Nociliacus.	Nouzilly.	Charte de Marmoutier.
Bellus mons de Roncia.	Beaumont-la-Ronce.	Gallia Christiana, II, 312.
Cours de la Bresme (Brenna).		
Peternacus.	Pernay.	Longnon. — Géographie de la Gaule.
Cours de la Vendeuvre.		
Nonovicus.	Neuvy-le-Roi.	Longnon. — Géographie de la Gaule.
Cours de l'Escotais (Scotasius).		
Nobiliacus.	Neuillé-Pont-Pierre.	Longnon. — Géographie de la Gaule.
Cours de l'Indrois (Andreis).		
Geniliacus.	Genillé.	L.-H. Lesourd.
Cours du petit Indrois (Andricula)		
Orbiniacus.	Orbigny.	Testament de saint Perpet, Ve s. — Histoire des Francs, par Grégoire de Tours, VIe s.
Cours de l'Eschandon (Scandio).		
Talciniacus.	Tauxigny.	Diplôme de Charlemagne.—Bibliothèque de Tours, manuscrit n° 1324.
Cours de la Manse (Esmancia).		
Brigogalus.	Saint-Épain.	Charte de Saint-Martin, 774. — Archives d'Indre-et-Loire.
Cours de l'Estrigueil.		
Varenna.	Varennes.	Archives d'Indre-et-Loire, C. 336.
Sirojalense.	Ciran.	Grégoire de Tours, Xe s. — Mémoires du B. Martin.
Cours de l'Èves (Evena).		
Luggogulus.	Ligueil.	Charte d'Usmar, archevêque de Tours, 854.
Marciacus.	Marçay.	Cartulaire de Noyers. — Mabille, Tracé des voies romaines.
Cours du Brignon (Brenno).		
Becincis.	Betz.	D. Housseau, I, 93. — Époque mérovingienne (Bacins vicus).
Noviliacus.	Neuilly-le-Noble.	Grégoire de Tours. — Histoire des Francs, X, 31, VIe s.
Cours de l'Egronne (Gurnesia).		
Carnisiacum.	Charnizay.	Chartes de Robert et de Théotolon, 900.
Cours de la Claise (Claisia).		
Brennacum.	Mézières-en-Brenne.	Archives d'Indre-et-Loire, C. 335-650.—Mabille.—Tracé des voies rom.
Bociacum.	Bossay.	Mabille. — Tracé des voies romaines.
Proillium.	Preuilly.	Testament de saint Perpet, Ve s.
Portus de Riven.	Rives.	Cartulaire de Noyers.

BOIS ET FORÊTS. — Les immenses forêts qui couvraient totalement de certaines parties de la Civitas Turonum, fournissaient également, par les bois qu'on en extrayait pour la construction des maisons, des ponts, des bateaux, etc., un aliment important à la navigation. Nous dressons, ci-dessous, la liste du plus grand nombre de bois et forêts que nous avons pu retrouver; les chiffres sont ceux portés sur notre carte N° 1, pour faciliter les recherches.

Liste des Bois et Forêts de la Civitas Turonum

1. Aquæ Vivœ Silva. — Forêt d'Aiguevive.
2. Foresta Ambasiæ. — Forêt d'Amboise.
3. Bois de Verneuil.
4. Numus aquilonarium (est sans doute la forêt de Blémars actuelle).
5. Bois de Thuré.
6. Foresta Belli Montis (se confond avec la forêt de Brouart).
7. Foresta de Guastina. — Forêt de Gâtines.
8. Foresta Blimardi. — Forêt de Blémars.
9. Foresta de Bort. — Forêt de Bort.
10. Silva Brenniæ. — Forêt de Brenne.
11. Numus Brunissiacum. — Forêt de Breschenay.
12. Boscus de Capella. — Bois de la Chapelle-Blanche.
13. Boscus Francus. — Bois-Franc.
14. Boscus Ogerii. — Bois Oger.
15. Foresta Burgulii. — Forêt de Bourgueil.
16. Calvimontensis foresta. — Forêt de Chaumont.
17. Canevosa Silva. — Forêt de Chenevose.
18. Numus Castellis. — Forêt de Château-la-Vallière.
19. Silva Caynonus. — Forêt de Chinon.
20. Numus Lochiæ. — Forêt de Loches.
21. Numus Sancti Menardi. — Bois de Saint-Ménard.

22 Numus de Parigny. — Bois de Parigny.
23 Numus de Parcellis. — Bois de Parçay.
24 Foresta de Sempliciaco.
25 Foresta Splento. — Le bois de Planche.
26 Numus Spunantia. — La forêt de l'Epinat.
27 Boscus de Vedde. — Le bois de Vede.
28 Forêt de Preuilly.
29 Forêt de Richelieu.
30 Forêt de la Haye-Descartes.
31 Forêt de la Roche-Posay.

VOIES ROMAINES

A mesure que le commerce et l'industrie prenaient du développement, l'insuffisance des voies de communication par eau se manifestait de plus en plus. Il ne suffisait plus de remonter ou de descendre les fleuves ou les rivières et d'aborder ainsi aux villes en faisant souvent de longs détours.

La nécessité de relier les villes aux villes, les bourgades aux bourgades, et d'aller jusqu'au milieu des terres s'imposa. Des chemins devinrent indispensables, à ceux que les premiers besoins avaient fait tracer aux Gaulois, vinrent s'ajouter ceux que la civilisation romaine jugea utiles.

A peine entrés dans les Gaules, les Romains s'empressèrent de tracer de grandes routes, traversant la Gaule dans ses divers sens, et reliant la Manche et l'Océan à la Méditerranée, et Marseille, Lyon, Bordeaux et les grandes villes du centre à Lutèce, au littoral et aux frontières de l'Est. Ce sont ces grands chemins que la tradition nous a laissés sous le nom de voies romaines *via romana*.

Le but de cette étude étant de faire connaître, à côté du tracé commun des voies romaines en Touraine, les modifications et les additions que nous avons été amenés à y faire, nous ne nous arrêterons pas aux considérations générales que tout le monde connaît.

GRANDES VOIES. — Les grandes voies qui passaient en Touraine sont au nombre de 9 :

1° La voie de Genabum à Juliomagus ;
2° d° Autricum à Cæsarodunum ;
3° d° Sundinum à Cæsarodunum ;
4° d° Limonum à Cæsarodunum ;
5° d° Lucca à Cæsarodunum ;
6° d° Avaricum à Cæsarodunum ;
7° d° Genabum à Portus de Pilis et Limonum ;
8° d° Portus de Pilis à Argentomagus ;
9° d° Avaricum à Rupes de Posayo.

1° Voie de Genabum à Juliomagus.

Cette voie, venant de Genabum, suivait la rive droite de la Loire, entrait dans la Civitas un peu avant *Cangeium*, traversait la Cisse, puis la Remberge à *Poceium*, passait sur le haut de la côte à *Navicellæ*, *Vobridius*, *Rupes Corbonis*, *Andoenus*, et à *S. Symphorianus*, où se trouvait un embranchement qui descendait aux ponts sur la Loire et pénétrait dans *Cæsarodunum*.

Sur la hauteur, la route se poursuivait à l'Ouest par *S. Cyriacus, Malliacensé, Pila, Alingavia, S. Michaelus, Patricius*. A cet endroit, la route descendait dans la plaine, s'éloignait un peu au nord de la Loire et passait à *Burgolium*, traversait la forêt et se dirigeait vers *Juliomagus* (1).

(1) Walckenaër, *Géographie des Gaules*, T. 1er. — De Caumont, *Bull. monumental* 1846. — La Sauvagère, *Recueil d'Antiquités.*— Mabille, *Divisions territoriales de la Touraine (voies romaines).*

Comme la plupart des routes romaines, celle-ci resta longtemps la seule en usage ; elle est désignée dans une charte de Henri II, roi d'Angleterre, sous le nom de *Route d'Angers*.

La partie comprise entre Saint-Symphorien et Nazelles est confirmée par les restes qu'on en trouve encore et est mentionnée dans une charte du chapitre de Saint-Martin de 1209.

A Nazelles, cette voie était coupée par la route venant d'*Autricum* qui fournissait une nouvelle direction pour entrer à *Cæsarodunum* par Amboise où l'on passait la Loire sur un pont de bateaux dont parle Grégoire de Tours. Cette voie traversait Montlouis et était préférée par les voyageurs qui se trouvaient plus à l'aise à l'abri du coteau sud de la Loire. Cette direction est confirmée par la porte qui servait d'entrée dans le castrum de Tours et qui portait le nom de *Porte-d'Orléans* (1).

2° Voie de Autricum à Cæsarodunum.

La route qui reliait Cæsarodunum à Autricum entrait en Touraine presqu'au même endroit que la Brenne, faisait un angle à *Solonomacum* où elle traversait la *Grenessia*, puis la *Glaudessa*, se dirigeait sur *Morani, Autrechia*, longeait la forêt de Blemars et faisait un nouveau coude pour aller à *Navicellæ* où elle croisait la route de *Genabum*. Là, elle traversait la Cisse, puis la Loire à *Ambasiæ* et revenait directement sur *Cæsarodunum* en traversant *Mons Laudiacus*.

Les restes les plus précieux subsistent auprès de Sonnay, Autrèche et Noizay, et viennent d'ailleurs confirmer l'ancienneté de cette route qui fut suivie par les

(1) Charte de Charles-le-Chauve.

disciples de saint Léger, transportant son corps du pays d'Autun à Saint-Maixent, en Poitou.

M. l'abbé Bourassé, dans ses études sur les voies romaines, donne un autre point d'arrivée à cette voie. Il la fait passer à Monnaie et aboutir à Saint-Barthélemy, au-dessus de Saint-Symphorien.

L'itinéraire que nous fournissons nous semble plus vraisemblable et appuyé sur les données certaines des restes romains des communes de Montreuil et de Nazelles et sur un texte précis de 678 que cite lui-même, M. l'abbé Bourassé (1).

3° Voie de Sundinum à Cæsarodunum.

Bricca était le point où la route du Mans entrait dans la Civitas. De là, elle allait en ligne droite à *Sutrinum*, puis à *Fundetæ* et à *S. Cyriacus* où elle s'embranchait sur la route de Juliomagus pour rentrer à Cæsarodunum par les ponts en face de *S. Symphorianus*. A *Sutrinum*, il y avait un léger embranchement de quelques lieues qui venait à un lieu appelé encore aujourd'hui les *Haies-Rouges*.

Cette voie, dont les restes ont presque tous disparu d'une façon complète, n'a laissé de souvenirs que dans la tradition et dans les textes qui en ont été conservés. Son existence n'en est pas moins prouvée, d'abord par les noms de *Chemin de César* et de *Chemin des Romains*, qu'elle porte encore aujourd'hui.

Quelques vestiges, à peine reconnaissables, se rencontrent au *Serain*, aux Haies-Rouges et à *Bresches*. Enfin, une charte de Marmoutiers, de D. Housseau, datée de 970, trace sa direction.

(1) Bourassé, *Essai sur les voies romaines en Touraine*. — Mabille, *Divisions territoriales de la Touraine*.

Le raccordement se faisait à Saint-Cyr, sur la route de *Juliomagus* et l'entrée à Tours se faisait au point commun nécessité par le pont de bateaux situé au bas de Saint-Symphorien et dont Grégoire de Tours atteste l'existence.

Le petit chemin qui, aujourd'hui, monte de l'église au cimetière, n'est autre que celui qu'ont foulé les Gaulois, les Romains et les Francs ; c'est là que furent marqués les pas de Saint-Martin et de Saint-Gatien, et c'est à quelques centaines de mètres de là, dans ce lieu solitaire et désert, fréquenté seulement par les passants et les voyageurs, que le grand thaumaturge des Gaules fonda la petite abbaye de Saint-Barthélemy et celle si célèbre de Marmoutier (1).

4° Voie de *Limonum* à *Cæsarodunum*.

Des discussions se sont engagées au sujet de la vraie direction de cette voie. On a nié longtemps la direction vers Montbazon et Sainte-Catherine, faute de documents. Nous allons en indiquer le parcours et nous exposerons les raisons déterminantes ensuite.

Le chemin venant de *Limonum* entrait en Touraine à *Portus de Pilis*, à la jonction de la Vienne et de la Creuse, dans le seul but de n'avoir qu'une fois la rivière à traverser. Elle montait presque directement vers *S. Catherina de Fero Bosco*, et vers *Mons Basonis*. Elle descendait la côte du Cher à Grandmont et entrait à Tours par la porte du Sud qui se trouvait à gauche des arènes.

(1) De Caumont, *Bulletin monumental* 1846. — La Sauvagère, *Recueil d'antiquités*. — L'abbé Bourassé, *Essais sur les voies romaines en Touraine*. — Mabille, *Recherches sur les divisions territoriales de la Touraine*.

Si les traces sont rares pour reconstituer cette ligne, faut-il pour cela dire qu'elle n'a pas existé ?

En s'appuyant sur les restes que l'on aperçoit aux deux points d'arrivée, *Portus de Pilis* et *Ballatedo*, ne doit-on pas évoquer les souvenirs de l'histoire ?

Ne savons-nous pas que les Sarrasins, maîtres du Midi et du Poitou, convoitant les richesses de Saint-Martin de Tours, s'avancèrent en Touraine jusqu'à Miré et que ce fut là que Charles Martel, à la tête de ses soldats, leur infligea cette défaite terrible qui fut le signal de la libération du territoire ?

Nous savons aussi que ce fut dans l'église de Sainte-Catherine-de-Fierbois que Charles Martel, vainqueur, déposa cette terrible épée qui lui valut son surnom.

Plus tard, en 1562, pendant les guerres de religion, les Huguenots, chassés de Tours, suivent le même chemin.

Ces circonstances qui ont bien leur valeur, prouvent que la voie d'Aquitaine présentait le même caractère qu'on remarque dans maints endroits, c'est-à-dire qu'elle était double.

De *Cæsarodunum* ne pouvait-on pas aller à *Avaricum* par le Cher et Montrichard et par la ligne qui se raccordait à la Roche-Posay en passant par *Bennacum* ?

Au Nord, *Lutecia* était reliée avec nous par Orléans et la Loire et par Chartres et Sonnay. Les exemples sont nombreux et dans le même ordre d'idées, on peut affirmer qu'il y avait deux voies pour aller à *Limonum*, l'une primitive par *Loches*, l'autre par Sainte-Catherine-de-Fierbois, construite plus tard pour éviter aux voyageurs le grand détour de Loches (1).

(1) *Charte de Saint-Martin, de 1272.* — Mabille, *Recherches sur les divisions territoriales de la Touraine.* — L'abbé Bourassé, *Essais sur les voies romaines en Touraine.*

5° Voie de *Lucca* à *Cæsarodunum*.

Cette route à *Lucca* s'embranchait sur la grande voie qui reliait *Limonum* à *Genabum* par *Portus de Pilis*. Elle passait à *Cornillium, Cambortus*, en suivant la rive gauche de l'Indre jusqu'au Fau-Reignac et *Cormaricus* où elle passait sur la rive droite, s'éloignait à quelques kilomètres d'*Evena*, pour regagner le Cher à *Venciacus*, le traverser et entrer dans Tours ensuite.

Ainsi que nous venons de le dire dans le paragraphe qui précède, il y avait deux routes pour aller de *Cæsarodunum* à *Limonum*; celle que nous traçons ici fut évidemment la première construite, à cause des facilités de communication qu'elle présentait, en opposition avec l'obstacle longtemps insurmontable du passage de l'Indre à Montbazon et des hauteurs qu'il fallait franchir.

Il existe maintes relations de voyages et, entre autres, celles du transport du corps de Saint-Léger, qui attestent l'existence de cette route fort ancienne et fort fréquentée.

M. l'abbé Bourassé indique qu'elle franchissait l'Indre au Fau-Reignac; nous croyons que Mabille est plutôt dans le vrai, et cela pour plusieurs raisons.

D'abord, le passage de l'Indre à Cormery est indiqué par le point de jonction, à cet endroit, sur la rive gauche, avec la voie vicinale qui longeait l'Indre venant de Rotomagus.

Puis, le passage de l'Indre au Fau n'a été établi que beaucoup plus tard, c'est-à-dire quand, reconnaissant qu'il était mal commode pour les voyageurs de *Genabum* et de Chartres d'aller à Tours pour se diriger sur *Limonum* par Loches, l'administration romaine fit établir une voie secondaire qui, partie d'Amboise, passa à Bléré, vint franchir l'Indre au Fau, et se raccorda à la grande voie.

Nous croyons donc que ce tracé est le plus vrai et le plus rationnel (1).

6° Voie d'Avaricum à Cæsarodunum.

Cette voie, qui mettait en communation la Touraine avec le Berri et le Centre, suivait presque dans tout son cours la rive droite du Cher.

Elle passait à *Tasciaca* et à *Montrichardus*, puis à *Cisomagus*, à *Severiacus*, à La Croix, près *Briotreis*, quittait les rives du Cher pour passer au pied du *Sanctus Martinus de Bello*, de *Nouis*, et venait se bifurquer à *Mons Laudiacus*, sur la route qui reliait Tours à Amboise.

Dans Tours, cette voie traversait la ville dans sa longueur sous le nom de Grande-Rue ; elle aboutissait à Sainte-Anne où elle franchissait le ruau sur le Pont-Aymeri, puis le Cher sur le *pont à voie*, appelé depuis, par corruption, le *pont à l'oie*. Elle continuait ainsi à l'Ouest vers Chinon.

Dans une charte de 910, cette route est appelée *via publica* et était l'une des plus fréquentées de Touraine.

A Montlouis se trouvait l'embranchement qui conduisait au Berri. C'est par là que les Bituriges envahissaient, dans leurs incursions, le territoire des *Turones*. De tout temps, cette voie fut considérée comme importante et sa possession fut souvent disputée par les seigneurs du pays. L'antiquité de cette voie remonte aux premiers siècles ; les restes gallo-romains qu'on voit encore à

---

(1) Mabille, *Recherches sur les divisions territoriales de la Touraine*. — *Charte de St-Martin*, 1272.

Tasciaca (Thésée), prouvent l'importance des habitations qui s'y groupaient. On sait d'ailleurs que cette station était marquée sur la carte théodosienne.

C'est encore sur cette voie, aux environs de Montlouis et de Saint-Martin-le-Beau, qu'en 838, les Normands qui remontaient la Loire furent si bien battus et refoulés par nos peuplades. De plus, le fait de voir au vi° siècle saint Brice arriver de Rome par Bourges en suivant cette voie, nous prouve clairement que c'était la grande route qui unissait Tours à la capitale de l'Empire (1).

7° *Voie de Genabum à Portus de Pilis.*

Pour éviter un détour énorme aux transports et aux voyageurs qui, de *Genabum*, se dirigeaient vers l'Aquitaine, une route avait été construite venant de *Genabum*, passant à Pontlevoy, traversant le Cher à *Montrichardus* et le bois d'Aiguevives.

Sur la lisière du bois, elle rencontrait *Cerate*, puis après avoir franchi le ruisseau d'Epeigné, elle passait à *Legium*, à *Geniliacus*, sur l'Indrois qu'elle traversait, ainsi que la forêt de Loches, pour arriver à *Belli-Locus* et *Lucca*.

L'Indre ainsi traversée, la voie se dirigeait en droite ligne sur l'Estrigueil à Varennes, et suivait la rive droite jusqu'à *Sirojalense,* où elle prenait la rive droite de l'Evres et aboutissait à *Luggogulus,* Marray et *Portus de Pilis*. A ce point, elle se greffait sur la ligne du *Limonum*, allant vers Châtellerault.

(1) *Grégoire de Tours*, T. II., C. 1. — André Salmon, *Bibliothèque de l'Ecole de Chartres*, 1857. — *Charte de Saint-Julien du* xi° *siècle*. — Mabille, *Recherches sur les divisions territoriales de Touraine.*

La route primitive était celle qui, venant de Tours, passait à Loches et se dirigeait ensuite sur Port-de-Piles. La ligne de Montrichard à Loches ne fut construite que plus tard et n'est, pour ainsi dire, qu'un raccordement.

A partir de cette époque, et surtout après la construction de la grande voie de Tours à Poitiers par Montbazon, la ligne primitive de Loches fut beaucoup moins fréquentée à cause du grand détour qu'elle faisait faire aux voyageurs venant de Paris ou de Chartres, et même de Tours.

C'est pourquoi nous ne la donnons que comme un raccordement sur la grande ligne de *Genabum* à *Limonum* (1).

8° Voie de *Portus de Pilis* à *Argentomagus*.

Cette voie, qui semble être le prolongement d'une autre plus secondaire, venait de *Condate* et *Caino*, partait de *Portus de Pilis* et suivait la rive droite de la Creuse en passant par *Haia*, *Abiliacensis*, *Guerchia*, *Barrou*, *Rupes de Posayo*, *Iciodorum* et *Turnomagus*, sur la limite de la Civitas, allant vers *Argentomagus*.

La direction de cette route est attestée par les textes anciens et par les dispositions naturelles de son cours. Il est évident qu'une voie était indispensable sur les bords de la Creuse, pour relier la navigation des pays au midi du nôtre aux grandes voies et aux grands centres (2).

---

(1) Mabille, *Notice sur les divisions territoriales de la Touraine*.
— L'abbé Bourassé, *Essai sur les voies romaines*.
(2) Mabille, *Notice sur les divisions territoriales de la Touraine*.

9° *Voie d'Avaricum à Rupes de Posayo.*

Des restes font supposer qu'une voie existait dans la direction que nous allons préciser ; elle s'expliquerait assez par le défaut de communications autres, en ce qu'elle reliait le centre à la route de la Creuse et peut-être même à *Limonum*.

Elle partait de *Rupes de Posayo*, montait à *Proillum* où elle traversait la Claise, descendait sur la rive droite jusqu'à *Bosciacum*, puis traversait toute cette partie de landes et de marécages qui était alors presque complètement boisée, se dirigeant vers *Brennacum* puis *Avaricum*.

Cette voie qui rencontrait celle de Port-de-Piles à Argenton, à *Rupes de Posayo*, s'arrêta longtemps à cet endroit sans traverser la Creuse.

Les voyageurs venant d'*Avaricum* remontaient jusqu'à Port-de-Piles, où ils prenaient la route de Poitiers. Le passage de la Creuse présentait à cet endroit de grands dangers ; en bac la navigation était très difficile et, d'un autre côté, la rive opposée présentait un rocher à pic d'une assez grande hauteur ; il était difficile de frayer un chemin au delà.

Les Romains essayèrent plusieurs fois d'y construire un pont ; toujours des crues violentes et imprévues vinrent emporter et détruire les ouvrages commencés. Ce ne fut donc que plus tard, quand on eut, par de grands travaux, amélioré les conditions du passage, qu'on construisit une voie au delà de la Creuse qui se dirigeait vers Châtellerault et Poitiers.

Nous devons ajouter que nous constatons en 1185, l'existence d'un pont à la Roche-Posay (1).

(1) *Charte de l'abbaye de Merci-Dieu*, du XII° siècle. — *Carte de Cassini*, De Caumont, *Bulletin monumental*. — Mabille, *Notice sur les divisions territoriales de la Touraine*.

10° Voie supposée de Lucca à Proillium.

Nous n'avons pas osé, en présence de l'incertitude du tracé et même de l'existence de cette voie, affirmer sur notre carte autrement que par un trait pointillé, la ligne qu'elle semblait suivre.

M. l'abbé Bourassé la fait partir de Lucca, passer à *Saint-Seno* (Saint-Senoch), traverser la Claise sur un pont spécial et aboutir à *Cambonus* sur la route de *Portus de Pilis à Argentomagus*.

Les restes très affaiblis de cette route ne permettent pas d'avancer une certitude; d'autre part, les documents sont rares.

D'un autre côté les apparences et le raisonnement sont en complète opposition au tracé indiqué, quant au point d'arrivée.

Nous savons trop combien nos pères considéraient, avant de tracer une route, quels seraient les obstacles qu'ils rencontreraient, et il ne nous semble pas possible qu'ils se seraient décidés à installer un pont sur la Claise, pendant que quelques lieues au-dessous se trouve *Proillium* (Preuilly), qui en possède un pour le passage de la voie de *Rupes de Posayo à Avaricum*.

Nous pensons donc que la route indiquée ci-dessus devait, en sortant de *Saint-Seno*, aboutir directement à *Proillium*.

VOIES VICINALES. — Le réseau des grandes voies, à peine construit, ne tarda pas à devenir insuffisant ; la communication de ville à ville était bien la plus importante, mais dans les régions comprises entre les grandes voies, comment arriver à transporter les marchandises du lieu de leur extraction ou de leur fabrication ?

Un réseau de voies secondaires parcourant les campagnes et s'arrêtant aux villages pour les relier aux centres s'imposa de lui-même ; les Romains ne tardèrent pas à se mettre à l'œuvre, et construisirent ce système de routes qui firent leur gloire et sur lesquelles, après avoir passé eux-mêmes, passèrent les Francs, nos pères, jusqu'au xe siècle.

Un grand nombre de ces voies secondaires ne sont évidemment pas venues jusqu'à nous, les traces ont disparu sous les efforts du temps qui a jeté un doute entre cet intéressant passé et nous.

Nous nous bornerons donc à faire ici l'énumération et la description de celles qui nous sont connues.

Les voies secondaires construites dans la Touraine sont au nombre de six, connues et déterminées :

1° Route de Cæsarodunum à Caïno.
2° Route de Cæsarodunum à Brigogalus.
3° Route des bords du Cher.
4° Route d'Ambacia à Brixis.
5° Route des bords de l'Indre.
6° Route des bords de la Vienne.

1° Route de Cæsarodunum à Caïno.

En parlant de la route qui entrait à Tours par la porte d'Orléans, nous avons indiqué qu'elle traversait la ville et continuait sa direction au-delà de Sainte-Anne.

La route qui nous occupe était la continuation de celle-ci ; elle franchissait le Cher à *Portus de Cordum*, suivait la rive gauche du Cher jusqu'à *Saponaria* et *Portus Balliencis,* longeait ce qu'on appelle aujourd'hui le vieux Cher, passait à *Linarillæ,* prenait la rive droite de l'Indre et traversait cette rivière en face d'*Oxina*

(Huisme). De là elle traversait la forêt en ligne droite vers Caïno (1).

2° *Route de Cæsarodunum à Brigogalus.*

Cette voie sortait de Tours au Sud-Ouest ; elle passait au lieu appelé aujourd'hui Saint-Éloi, traversait les pâtis de Beaumont et le Cher à Saint-Sauveur, et montait sur la côte à *Gaudiacus* (Joué). *Balatedo* et *Miré* se trouvaient sur son parcours avant d'arriver à *Rotomagus* (Pont-de-Ruan), où elle passait l'Indre.

En ligne droite elle traversait l'extrémité de la forêt de Chinon et passait à *Telosa* (Thilouze), *Calatonum* et *Brigogalum.*

Cette route, très probablement, ne s'arrêtait pas là, la vallée de la Manse semble indiquer naturellement qu'une route reliait *Brigogalus,* non pas à la voie du cours de la Vienne, comme le croit Mabille, mais à la grande voie de *Limonum* qui passait beaucoup plus près.

Enfin cette route est indiquée par la haute antiquité des pays qu'elle traverse : *Rotomagus, Telosa, Calatonum, Brigogalus,* sont cités par Grégoire de Tours et un diplôme de Charlemagne de 775 (2).

3° *Route des bords du Cher.*

L'embranchement de cette route se faisait à *Venciacus* (Saint-Avertin), sur la route de Tours à Loches et

(1) *Charte du Pommier aigre,* Archives départementales. — Mabille, *Notice sur les divisions territoriales de la Touraine. Voies romaines.*

(2) Mabille, *Notice sur les divisions territoriales de la Touraine. Voies romaines.*

à Poitiers. Elle passait, en suivant la rive gauche du Cher, à *Larchaïum*, où se trouvait une station importante si on en juge par le castellum qu'on y voit encore. De là elle poursuivait jusqu'à *Briotreis* (Bléré) où elle rencontrait le chemin secondaire dont nous parlons ciaprès (1).

4° *Route d'Ambacia à Brixis.*

La nécessité de relier directement les lignes de *Genabum* et d'*Autricum* à la grande voie de *Limonum*, fit construire rapidement la voie d'*Ambacia* à *Brixis*.

Dans la première partie d'Amboise à Bléré, elle traversait la forêt dans sa largeur et venait à Bléré franchir le Cher en face de Reignac ou le Fau.

L'importance de ce raccordement entre deux grandes lignes fut considérable dans ses effets. Malgré le chemin à faire dans la forêt, les voyageurs n'hésitaient pas à choisir cette direction qui abrégeait leur route sensiblement.

5° *Route des bords de l'Indre.*

Sur la route de *Cæsarodunum* à *Caïno*, un peu au-dessous de *Linarillæ*, prenait naissance la route secondaire qui suivait les bords de l'Indre. *Ausieuse* était sur son cours, sur la rive droite ; à *Rotomagus* elle rencontrait la route de *Brigogalus* et franchissait l'Indre sur le même pont pour prendre la rive gauche. Un peu plus loin, après avoir franchi le *Montisson*, *Mons Villa* se trouvait située entre l'Indre et la route qui se prolongeait en droite ligne sur *Mons Basonis* où elle coupait la

---

(1) Mabille, *Notice sur les divisions territoriales de la Touraine.*

grande route de *Limonum*. Enfin à *Vindiniacum* (Veigné), la chaussée faisait un coude, traversait l'Échandon et venait se joindre à *Cormoricus* à la route de *Lucca*.

Toutes les localités que nous venons de citer sont d'une antiquité notée et reconnue par tous, soit par les affirmations de Grégoire de Tours, soit par les restes archéologiques qu'on y retrouve.

En songeant au commerce de bois et de menuiserie dont l'Indre était le centre, on peut comprendre aisément qu'une route romaine devait en desservir les bords (1).

6° *Route des bords de la Vienne.*

La route qui suivait les bords de la Vienne était celle qui, au sud de la Loire, venait de *Juliomagus* et de *Portus Namnetum*, elle prenait la Vienne à son confluent, sur la rive gauche, passait à *Condate*, à *Tizeium* et venait à *Riparia* (Rivière), où elle passait la Vienne.

Sur la rive droite, un petit embranchement allait jusqu'à Chinon et la route se poursuivait sur la rive droite en passant à *Crucilia*, *Trogis*, Pouzay et enfin Ports et Ports-de-Piles, où elle se raccordait à l'embranchement des trois lignes de *Cæsarodunum*, de *Lucca* et d'*Argentomagus*.

Quoique la route au nord de la Loire soit la plus importante, puisqu'on reliait directement Angers et Nantes à Tours, celle du Sud n'en avait pas moins son importance au point de vue des régions qu'elle traversait et des titres anciens la citent souvent. La Vienne, en face de Chinon, étant souvent débordée dans des marécages qui s'étendaient au long de la rive gauche rendait la navi-

(1) Mabille, *Notice sur les divisions territoriales de la Touraine.*

gation très difficile, c'est pourquoi on était obligé de remonter jusqu'à Rivière où la traversée était praticable (1).

ENSEMBLE DU SYSTÈME DES VOIES ROMAINES. — Ainsi qu'on a pu le voir par le tracé qui précède, et par un rapide regard jeté sur notre carte de la *Civitas Turonum* (voir à la fin de ce vol.), la Touraine au temps des Romains était admirablement organisée sous le rapport des voies de communication.

Dans tous les sens, à l'Est par Orléans et Bourges, au Nord par Chartres et Le Mans, à l'Ouest par Angers, au Sud par Poitiers, la Touraine se trouvait unie à toutes les régions voisines et par conséquent à des communications qui, en se prolongeant, lui permettaient d'entrer en relations avec l'Italie et l'Orient, avec la Germanie, avec les pays du Nord par la Normandie et par le *Portus Namnetum,* dont l'importance était considérable, avec Bordeaux et l'Ibérie par la grande route du Midi.

Par suite de toutes ces considérations, au point de vue stratégique, la situation de Cæsarodunum attira l'attention de tous les hommes de guerre, et les grandes chaussées furent à la fois les artères du commerce et les lignes suivies par les hordes armées et les légions organisées des Romains et des Barbares.

Une autre cause, l'esprit religieux, vint ajouter son influence à cet état de choses.

Le fanatisme qui était l'une des particularités de l'esprit humain dans ces temps reculés se trouva mêlé,

---

(1) *Charte de l'abbaye de Noyers,* du XIIe siècle. — D. Housseau, *Charte* du XIVe siècle. — Salmon, *Société archéologique,* 1861, page 153. — Mabille, *Notice sur les divisions territoriales de la Touraine.*

dès l'origine, aux transactions commerciales, et en fut partout le point de départ.

Les pèlerinages ou la présence des personnages dont l'influence était regardée par la superstition populaire comme miraculeuse, entraînèrent les grandes masses de la foule vers des lieux saints ou réputés comme tels.

Chemin faisant, et comme le font encore les caravanes qui sillonnent les régions désertes du Nord de l'Afrique, de l'Arabie et de l'Asie-Mineure, se rendant à la Mecque ou près de quelque Marabout, ces pèlerinages étaient de véritables associations commerciales.

Le transport des denrées par eau entretenait sur les fleuves, et surtout sur la Loire, une navigation active ; un grand nombre de bateliers qui étaient pour la plupart tout à la fois marchands, possédaient le navire et sa cargaison, et nous sont connus sous le nom de *Nantœ, navicularii, negociatores*.

Les collèges de nautes, fort nombreux au début, n'eurent de véritables avantages pour leurs membres que lorsqu'un faisceau unique réunit toutes les forces en une seule. C'est ce que fit *la communauté des marchands fréquentant la rivière de Loire et fleuves descendant en icelle,* par l'établissement de statuts et de règlements d'une importance de premier ordre.

L'histoire de cette communauté a été retracée très savamment par M. Mantellier, nous ne nous y arrêterons pas davantage.

Les grands chemins détériorés par la fréquentation, furent l'objet d'ordonnances impériales qui les firent réparer et entretenir.

Malgré les efforts du pouvoir d'alors, les marques sensibles d'un affaissement se montraient partout; l'Empire romain présentait l'aspect d'un grand monument qui s'écroule, et toutes les circonstances politiques, physiques et morales préparaient la vieille Gaule à recevoir le torrent des Barbares qui devait se déchaîner du Nord et descendre dans nos vallées, sur les grandes voies romaines, pour se répandre ensuite dans nos campagnes.

CHAPITRE II

La Touraine franque; état des voies de communication.—Les Mérovingiens et les Carlovingiens entretiennent les voies romaines.

La Touraine franque; état des voies de communication.

Après la chute de l'empire d'Occident, quand le sol eut été balayé par le passage des Barbares, de ces hordes que la civilisation romaine considérait comme étant restées presque sauvages, on serait tenté de croire qu'un bouleversement complet s'était opéré à la surface du sol de la Gaule. On pourrait penser que les institutions romaines étaient renversées, que les fortunes privées s'étaient englouties dans le flot ravageur, que l'industrie était ruinée, que le commerce était interrompu. Rien de tout cela ne s'était produit.

La civilisation romaine avait tellement pénétré dans les mœurs gauloises, ses institutions étaient si solides et si précieuses qu'elles subsistèrent et supportèrent ce choc sans s'ébranler.

Les luttes, les ravages, les incendies troublèrent bien un peu le commerce, mais ne l'anéantirent pas; les institutions des Romains, loin d'être l'objet de destructions et de haines, furent conservées religieusement parce qu'elles étaient utiles et que les nouveaux maîtres pouvaient s'en servir pour eux-mêmes.

Cet état général était évidemment celui de la Touraine

franque puisque ses voies de communication lui procuraient les relations et le trafic des régions éloignées, et que la Loire, cette grande voie, lui amenait des gens de toutes les races, de toutes les nationalités.

A la fin du VI° siècle l'organisation sociale de la Touraine, restée la même dans les basses classes et dans la population commerçante, s'affirma davantage dans les hautes régions ; une aristocratie de grands propriétaires et de gens de haute naissance se forma peu à peu, germe de la féodalité future. Un comte représentant de l'autorité royale et l'évêque, souvent illustre en Touraine, se partagère le pouvoir et l'influence pour entretenir et réparer les voies romaines et la navigation des fleuves.

Des édits royaux ordonnèrent de ménager des chemins de halage au long des rivières ; de lourds chariots qui servaient au transport des marchandises circulaient sur les grandes routes, trainés par des attelages de bœufs ou des chevaux, et succédaient peu à peu aux troupes armées qui cheminaient jadis de l'Armorique à Rome ou de la Germanie aux marches d'Espagne.

Cæsarodunum et la vallée de la Loire n'étaient plus les contrées obscures et désertes qu'avaient connues les premiers Gaulois ; c'était le cœur du royaume franc, la ville était l'un des foyers les plus ardents du christianisme, le fleuve était la reine du commerce (1).

(1) Mantellier, *Histoire de la communauté des marchands fréquentant la Loire.* — Fustel de Coulanges, *Histoire des institutions politiques de l'ancienne France.*

**Les Mérovingiens et les Carlovingiens entretiennent
les voies romaines**

Les soins des Mérovingiens se portèrent donc tout entiers à entretenir les voies construites par les Romains sans songer aucunement à les développer. Des relais de poste, dont parle Grégoire de Tours, s'étaient organisés dès l'origine ; le trafic et l'intérêt des marchands les entretinrent naturellement, et malgré les siècles leurs emplacements nous sont signalés par divers titres pour nous montrer les traditions des postes royales qui eurent, dans un temps beaucoup plus récent, un si grand éclat.

Toutes les grandes villes du centre, Tours, Orléans, Angers et Nantes, étaient en relations fréquentes avec les Wisigoths, les Suèves d'Espagne, les Irlandais, les Frisons, et les objets de leurs trafics étaient les vins, le miel, la garance, les toiles et les blés pour la Gaule qui recevait en échange les huiles et le plomb d'Espagne, les métaux de la Grande Bretagne, les draps grossiers de l'Irlande et les étoffes plus finies que commençait à fabriquer la Frise (1).

Avec l'Orient, le commerce n'était pas moins grand ; par les vallées du Danube, dans ces contrées boisées, marécageuses et sauvages, au milieu de populations belliqueuses, nos marchands n'hésitaient pas à se hasarder, l'épée au côté et la lance au poing, pour de lointains voyages.

On raconte même que les *Turones*, dont une réputation tardive a fait une race sédentaire et molle, prenaient part à ces expéditions semées de périls au pays du soleil.

(1) Pigeonneau, *Histoire du commerce de la France*, 1ʳᵉ Série, page 60.

Cet état de choses qui s'était maintenu, malgré la secousse de la chute de l'Empire romain, ne supporta pas les désordres qui présidèrent à la disparition de la dynastie mérovingienne. Sous le règne de ces fantômes de rois qui s'étaient abaissés jusqu'à mériter le nom de *Fainéants,* les centres industriels patronnés par le pouvoir royal disparaissaient en partie ; nos chaussées romaines n'étaient plus entretenues, les rivières étaient obstruées par les moulins et les barrages et devenaient difficilement praticables, les ponts et les quais de débarquement tombaient en ruines. Le brigandage n'était plus réprimé, les flottilles que l'autorité royale avait placées à l'embouchure des grands fleuves pour en défendre l'entrée n'existaient plus, les pirates remontaient leur cours et se livraient à des ravages que rien ne combattait plus.

Des péages onéreux, écrasants, se multiplièrent sur les cours d'eau, l'autorité centrale était impuissante, c'était la féodalité non reconnue, mais qui existait déjà de fait.

La chute définitive des Mérovingiens, l'avènement des Maires du Palais, puis, plus tard, la main énergique de Charlemagne, rendirent l'ordre et la sécurité intérieurs ainsi que l'activité industrielle et commerciale. Les routes furent réparées, les péages illégaux supprimés en partie, les flottilles des fleuves réorganisées, tout semblait reprendre l'aspect des anciens temps. Partout, dans les marchés et dans les foires, non seulement de Touraine, mais des régions les plus éloignées, figuraient les produits de Tours avec une égale valeur. Les draps de Tours, comme ceux d'Arles ou de Lyon, se trouvaient dans tous les marchés et jusqu'en Germanie et en Angleterre.

Mais à mesure que se fait sentir l'approche de l'an mil, la Gaule change de physionomie ; les *villas* des grands propriétaires, les abbayes, les églises s'entourent de murs crénelés et deviennent des châteaux-forts; les luttes de donjon à donjon s'engagent, dans lesquelles succombent, ou tout au moins s'affaiblissent, les vieilles institutions sociales. L'Empire romain, que Charlemagne avait réussi à mettre sur pied, s'écroule de nouveau; c'est une période de torpeur et de stagnation qui se prépare, c'est le moyen-âge, dans lequel la Gaule va se transformer pour devenir la France.

IIme PARTIE

La Touraine pendant le Moyen âge et la Renaissance.

CHAPITRE UNIQUE

La Touraine féodale; les péages. — Variations topographiques. — Les routes au moyen âge. — La communauté des marchands fréquentant la rivière de Loire et autres fleuves descendant en icelle. — La province de Touraine, ses limites. — Création du service des ponts et chaussées. — État des routes pendant la Renaissance.

La Touraine féodale; les péages.

A l'approche de l'an mil, on sait ce que la croyance populaire avait fait dans tout l'Occident au point de vue du commerce et de l'industrie. La Touraine avait subi l'influence commune; tous les couvents d'hommes et de femmes, toutes les institutions religieuses, profitant de l'effarement général, avaient recueilli dans leur sein la plus grande partie des gens actifs. Les routes étaient désertes, les fleuves coulaient lentement dans le seul bruit de leurs flots, le commerce était mort devant la préoccupation morale d'un avenir spirituel.

Il fallut de longues années, presqu'un siècle, pour voir reprendre une nouvelle animation aux voies de communication, jadis si fréquentées.

Non seulement les transactions étaient sensiblement

amoindries, mais celles qui se faisaient encore étaient assujetties à des charges écrasantes.

A défaut de l'autorité royale, les seigneurs étaient obligés, pour leurs besoins mêmes, d'entretenir les routes et les rivières autant que possible, ainsi que les ponts qui servaient aux communications. Ces frais étaient grands et pour s'en couvrir, ils s'étaient emparés des péages que la royauté avait installés.

Sur tout le cours des rivières et sur la Loire, partout où la silhouette d'un donjon se dressait sur la côte, projetant son ombre sur la rive, ou bien encore, partout où s'élevaient les clochers de quelque antique abbaye, un péage était établi sur le port même, où tous les passants devaient atterrir et acquitter un droit de passage calculé selon un tarif établi pour la nature de chaque denrée.

Nous donnons ci-après la liste des ports et des lieux où étaient établis des péages sur le cours des fleuves et rivières de Touraine (1). (Voir à la fin de ce volume notre carte n° 2. — *Province de Touraine.*)

Liste des Péages de Touraine.

Cours de la Loire

Amboise, Rochecorbon, Marmoutiers, Tours, Pont-Cher, La Salle (près Luynes), Luynes, Le Bec-du-Cher, Langeais, Colombiers, Saint-Michel, Ablevoie, Chouzé, Candes.

Cours du Cher

Celles, Montrichard, Bléré, Azay, Le Bec-du-Cher.

(1) Mantellier, *Histoire de la communauté des marchands fréquentant la rivière de Loire*, etc., page 53, tome Ier. — *Mémoires de la Société archéologique de Touraine*, tome XVII, page 226.

Cours de l'Indre.

Le cours peu navigable de cette rivière en éloignait sans doute la navigation. — Nous n'avons trouvé aucune trace de péages sur l'Indre; cette lacune se comblera peut-être un jour par l'examen d'archives, inconnues aujourd'hui, mais qui peuvent se produire d'un moment à l'autre.

Cours de la Vienne.

Nouâtre, L'Isle-Bouchard, Anché, Chinon, Candes.

Cours de la Creuse.

Tournon, La Roche-Posay, La Guerche, La Haye-Descartes.

Pour les marchands qui suivaient les routes, des charges analogues les attendaient au détour de chaque chemin; le passage sur tel ou tel territoire nécessitait l'acquittement d'un droit et ces obligations se répétaient souvent.

Variations Topographiques. — L'entrave qui subsistait toujours puisque le régime féodal ne faisait rien pour l'améliorer, c'était le mauvais état du lit des rivières.

Des crues fréquentes et violentes ensablaient et dérangeaient le lit navigable des cours d'eau; pour les affluents de la Loire, les difficultés de navigation étaient certes grandes, surtout à l'embouchure du Cher et de l'Indre où des bras nombreux se ramifiaient dans toute la vallée avant de se fondre avec le fleuve. Le bras appelé aujourd'hui le Vieux-Cher, qui s'étend de Villandry à Bréhémont, était au xviie siècle, et le fut encore longtemps, le lit principal du Cher; de minces filets d'eau, quelques-uns navigables cependant, le reliaient à la Loire et, vers l'embouchure, en face de Saint-Patrice, l'Indre coulant dans une plaine basse et marécageuse, mélangeait en maints endroits ses eaux avec celles du Cher.

Cependant ces changements de lit n'ont qu'une importance très secondaire et nullement comparable à celle des variations du cours de la Loire au xii° siècle et que nous avons mentionnées dans la première partie de cet ouvrage.

LES ROUTES AU MOYEN AGE. — Non seulement l'autorité royale et le seigneur n'avaient point songé à développer le réseau des routes établi par les Romains, mais encore ils ne l'entretenaient pas comme ils avaient le devoir de le faire. Nul n'avait pensé à créer un service de voirie qui pût ressembler à une administration de ponts et chaussées.

Ceux mêmes qui étaient chargés d'entretenir les chemins en ignoraient jusqu'à la dénomination, et ce sont des auteurs isolés en dehors des documents du temps qui nous l'apprennent.

Le *sentier,* large de 4 pieds, était un chemin de piétons, interdit aux voitures et même aux bestiaux, s'il était bordé de cultures; il était destiné à faire communiquer deux routes ou à rattacher des fermes ou des hameaux.

La *carière* (route charretière), large de 8 pieds, était accessible aux charrettes et aux bestiaux à condition qu'ils fussent tenus en *cordèle*.

La *voie,* large de seize pieds, laissait passer deux charrettes de front.

Enfin, les *grandes routes*, larges de trente deux pieds et les *voies impériales* (chemins de César), correspondant aux grandes voies militaires de l'Empire romain, étaient praticables pour toute espèce de charrois (1).

Les routes et les grands chemins étaient à peine carrossables, des ponts de bois ou de bateaux remplaçaient les ponts de pierre construits par les Romains, et il fallait souvent faire de grands détours pour trouver un passage.

La Communauté des Marchands fréquentant la Rivière de Loire et autres Fleuves descendant en icelle. — Nous ne voulons point retracer ici l'histoire de cette puissante association, nous l'avons déjà dit plus haut, nous renvoyons le lecteur à l'ouvrage spécial de Mantellier. Nous voulons seulement signaler son action bienfaisante sur les voies fluviales et de terre qu'elle entretint en bon état et même qu'elle améliora sensiblement. La communauté n'était pas riche par elle-même, elle ne capitalisait point, toutes ses ressources qui se composaient de droits de péages autorisés et consentis par les marchands sur leurs propres bateaux et marchandises. Leurs fonds étaient employés aux besoins de la communauté et aux travaux qu'elle avait pour mission d'exécuter.

Comme il est aisé de le pressentir, la Loire, par la la communauté des marchands fréquentants, avait, au XVᵉ siècle, une importance exceptionnelle en Touraine. C'était la voie adoptée pour le transport des denrées et marchandises de toute nature, les plus grossières et les plus massives, comme les plus délicates et les plus précieuses : le charbon, la pierre, le sel, la bijouterie, les étoffes de soie, d'or et d'argent dont Tours, particulièrement, était devenu un centre important de fabrication.

(1) Pigeonneau, *Histoire du commerce de la France*, Iʳᵉ Série, page 186.

La Province de Touraine; ses Limites. — La question des véritables limites de la province de Touraine est fort complexe et peut offrir des aspects divers. Les avis les plus opposés ont été émis, et ce mémoire même, à cette occasion, a soulevé des critiques qui, élevées trop légèrement sur des bases incertaines, ont été aisément renversées par une foule de preuves renfermées dans les documents que nous citons ci-dessous.

Depuis l'établissement des Turones sur notre territoire, les limites qu'ils s'étaient données avec leurs voisins ne se changèrent pas sensiblement.

Nous avons vu précédemment quelles étaient les limites de la *Civitas*; le clergé, qui était en cela, comme en toute autre chose, le maître organisateur, créa son diocèse et cette division purement ecclésiastique devint celle de la province de Touraine et forma le trait d'union qui relia plus tard les temps anciens aux temps modernes.

En suivant notre tracé sur notre carte N° 2 (Province de Touraine) on verra que, au Nord et à l'Ouest de la Loire, la province perd du terrain jusqu'à Mazières et Cléré, ainsi que dans le Nord où la frontière se rapproche sensiblement de Château-Renault. A l'Est, au contraire, elle gagne Montrichard et Thésée sur la rive du Cher, et Pontlevoy fait la limite.

Au Sud tout le pays de Brenne, dont Mezières-en-Brenne semble être la capitale, est compris dans le territoire de la Touraine. En décembre 1542, lors de la création de la Généralité de Tours, le pays de Brenne forma une des élections de la Généralité de Bourges et ressortit administrativement à cette dernière Généralité. Mais malgré cette division, le pays de Brenne n'en reste pas moins attaché, au point de vue du territoire, à la Touraine, dont il subit les usages et les coutumes ainsi que le prouve clairement « *La coutume de Touraine de 1761* » à la page 13 du Tome Ier (1).

Au Sud-Ouest la limite passait au Nord de Richelieu et de Loudun qui appartenaient au Poitou. Bien que ces deux pays eussent formé chacun, par la suite, une des six élections de la Généralité de Touraine, il n'en est pas moins vrai que leur territoire a été distrait du Poitou pour être relié administrativement à la Touraine. Il est donc évident que Loudun et Richelieu n'ont jamais fait partie de la province de Touraine au point de vue territorial, le seul qui nous occupe ici (2).

Cependant il faut noter que la Touraine a subi de nombreuses divisions territoriales qui ont varié selon le pouvoir qui les traçait. Quoiqu'il en soit, la Touraine a eu de tous temps une importance prépondérante dans la région et Tours, depuis le moyen âge jusqu'à la Révolution, fut le chef-lieu de la Généralité de Tours qui comprenait les provinces d'Anjou, du Maine et de Touraine.

Ces divisions subsistèrent pendant les siècles qui suivirent jusqu'en 1791, époque à laquelle fut créé le département d'Indre-et-Loire.

CRÉATION DU SERVICE DES PONTS ET CHAUSSÉES. — Ainsi que nous l'avons fait entrevoir déjà, les premières bases de service des ponts et chaussées furent jetées tout d'abord par le pouvoir féodal qui était chargé non seule-

---

(1) Cette assertion est également prouvée par les cartes de Isaac Franco, le sieur Tassin, N. de Fer, MM. de l'Académie royale des Sciences, Munster et François de Belle Forest, M. Bouguereau, Cassini et autres, *Atlas des cartes de la Touraine, bibliothèque de Tours.*

(2) Voir les mêmes documents que ceux indiqués ci-dessus.

4

ment du développement des voies, mais surtout de leur entretien. Les gens occupés à ces travaux, tantôt par le seigneur, tantôt par l'Église et enfin plus tard par la communauté des marchands, furent les premiers employés de ce service pendant que ceux qui les dirigeaient avec plus ou moins de connaissances étaient les premiers fonctionnaires.

Ce n'est qu'au XIV° siècle que l'on trouve une trace fugitive de l'existence des ponts et chaussées par le passage d'une ordonnance de Charles V où on lit : « *Nos ingénieurs des ponts et chaussées,* » etc.

Plus tard Louis XIII les institua d'une façon plus précise en créant :

1° Des ingénieurs des ponts et chaussées du roi, payés par l'État ;

2° Des ingénieurs des pays d'États, payés par les provinces.

Il n'est pas prouvé que la Touraine fut un pays d'État, mais bien des circonstances et même des documents relatifs à de certaines assemblées provinciales qui se tinrent à Tours, nous portent à croire que c'est là une tradition perdue, mais qui n'en exista pas moins.

3° Des ingénieurs pour les turcies et levées, chargés spécialement des travaux de la Loire et de ses affluents et aux gages des contributions locales.

Comme on le voit, à mesure que la féodalité s'affaiblit, les administrations se fondent, dégagées des entraves qui les retenaient et viennent apporter leurs bienfaits aux efforts de la civilisation et du progrès.

Les routes, à l'époque où nous sommes, deviennent praticables par l'entretien mieux compris et mieux ordonné des chaussées ; la police, sans être bonne, est mieux faite et la circulation s'établit d'une façon plus sûre et plus active.

L'amélioration des voies fluviales, la construction et l'entretien des routes deviennent une des préoccupations dominantes du pouvoir central ; les ordonnances sur la voirie se multiplient et Charles V, comprenant toute l'importance de relier la Loire à la Seine, fait dresser les plans et devis d'un canal qui devait coûter 100,000 livres (1).

Mais dans cet élan vers le progrès une période sombre, la guerre de Cent Ans, devait s'interposer et plonger une fois encore les nouvelles institutions dans un profond abandon.

Durant cette grande crise qui fut une vaste période de stagnation, il fallut toute la puissance de Jacques Cœur et tous les soins de Louis XI pour donner à la Touraine un nouvel éclat commercial.

Des édits et des ordonnances se succédèrent rapidement, accordant partout des privilèges et favorisant les corps de métiers; on s'efforça de relever le commerce en réveillant l'activité individuelle paralysée depuis un demi-siècle.

État des Routes pendant la Renaissance. — Sous l'influence des considérations historiques que nous venons d'exposer sommairement, la Renaissance du commerce se préparait comme celle des arts et des lettres. La France prenait une part de plus en plus active à son commerce et cela sans que les chemins de communication fussent plus développés ou mieux organisés.

Les grandes routes, les chemins et les voies navigables

---

(1) Pigeonneau, *Histoire du commerce de la France*, 1re Série, page 288.

étaient toutes à peu près dans le même état que trois siècles auparavant.

Le défaut d'organisation, la féodalité et, plus tard, les guerres étrangères et civiles, avaient entravé tout essor et en même temps laissé détruire les ouvrages existants.

Les moyens de transport n'étaient pas plus commodes, plus économiques, la sécurité n'était pas plus grande ; la navigation ne s'était pas plus modifiée que la forme ou la capacité des navires ; partout et en tout on était resté fidèle aux vieilles traditions.

Mais si les progrès n'étaient pas faits, ils étaient dans des conditions excellentes pour se produire sous peu ; de toutes parts on travaillait et sur nos rivières on commençait à bâtir des écluses qui allaient transformer la navigation intérieure et lui donner une grande sécurité.

L'administration des ponts et chaussées allait se développer et s'organiser avec les grands économistes du XVIe siècle, enfin un souffle de renaissance et de civilisation allait venir du pays aux cieux éternellement bleus et, en passant, dégager la France moderne des liens et des entraves du moyen âge.

IIIme PARTIE

La Touraine du XVIe au XVIIIe siècle.

CHAPITRE Ier

La grande voirie; les turcies et les levées. — Chute de la communauté des marchands fréquentant la Loire.

La grande voirie; les turcies et les levées.

A mesure que le pouvoir royal étendait la main sur toutes les administrations et sur tous les services particuliers, l'œuvre de centralisation s'opérait peu à peu et tendait à devenir la seule puissance dominant et gouvernant tout.

Les voies de communication, chemins, ponts et digues, étaient toujours construits ou entretenus par les fonds de la Généralité, de la paroisse, du seigneur ou des riverains, mais l'État y participait également par quelques subsides, et exerçait la surveillance des travaux par les *trésoriers de France* et les *généraux des finances*, qui, en leur qualité d'officiers de la couronne, rattachaient ces détails locaux aux grandes questions d'ordre général.

Jusqu'au XIVe siècle, le service de la voirie resta local;

c'étaient les officiers de justice, les baillis, les prévôts, les sénéchaux, qui avaient ordre d'entretenir les grands chemins. Mais, peu à peu, l'intervention des trésoriers de France se fit sentir et s'imposa dans le service de la grande voirie.

Des surveillants avaient pour mission de visiter dans leurs chevauchées les rivières, les levées, les chaussées, et de chasser les moulins et les pêcheries qui entravaient la circulation.

On ne tarda pas à reconnaître que cette administration était trop importante pour qu'elle pût rester longtemps divisée et jointe à une autre administration.

Le grand Sully comprit le premier l'importance de cette transformation nécessaire; il réunit tous les services relatifs aux ponts et chaussées et se plaça lui-même à la tête de tous les voyers de province avec le titre de : *Grand Voyer de France*.

Des modifications nombreuses se succédèrent dans la hiérarchie et dans la direction, qui changèrent de nom plusieurs fois.

En 1551, les trésoriers de France furent répartis dans les circonscriptions qui leur étaient attribuées et qu'on nommait les *Généralités*. Tours était le siège d'une de celles qui bordaient la Loire, et les provinces du Maine et de l'Anjou en dépendaient.

Ce ne fut qu'en 1625 que ces divisions furent déclarées permanentes et que leurs chefs prirent le nom d'*Intendants de justice, police et finance*.

C'est alors qu'on s'occupa plus activement de ce qu'on avait appelé les *turcies et les levées*; on en construisit partout où il n'y en avait point déjà, non pas dans le but spécial de favoriser la navigation fluviale, mais pour préserver toutes les campagnes basses des inondations violentes qui se produisaient avec impétuosité. Les turcies et les levées enfermaient la Loire et ses affluents dans un lit fixe qui, tout en protégeant les terres cultivées des bords, rendaient leur cours plus facilement navigable.

Henri II, roi d'Angleterre et comte d'Anjou, Philippe-le-Bel et Louis XI, avaient commencé cet immense travail qui à la fin du xv° siècle était presque complet. Il avait été accompli au moyen des subventions fournies par les paroisses riveraines et à l'aide de *corvées* imposées aux gens du peuple ; tous s'y étaient intéressés et se prévalaient de cette charge pour obtenir des exemptions d'impôts.

Au xvi° siècle, l'influence centrale s'était encore fortifiée et c'était le roi qui *ordonnait* aux cités riveraines d'avoir à surveiller et entretenir les turcies et les levées.

Peu à peu cette autorité s'étendit encore et finit par absorber tous les services qu'elle réunit en un seul qui fut l'administration des ponts et chaussées (1).

Dans ces efforts pour doter la France de voies de communication utiles au commerce et au voyage, les grandes routes romaines avaient été entretenues dans la plupart des lieux et réparées ou développées dans d'autres; elles étaient toujours foulées par les marchands d'alors allant en Espagne, à Nantes, à Bourges ou montant vers Paris.

Les moyens de transport les plus usités étaient sur les fleuves, les *sentines* qui se louaient avec leurs équipages pour l'accomplissement de voyages ou de transports, privés ou publics; sur les chemins, des voitures très rares servaient aux voyages, des charriots effectuaient les

(1) Mantellier, *Histoire des Marchands fréquentant la Loire*, Tome I, p. 344.

transports, et les voyages rapides se faisaient toujours à cheval. Mais ces moyens de transport presque primitifs ne tardèrent pas à devenir insuffisants et c'est alors que s'organisèrent les *coches d'eau* sur la Loire et ses affluents, et les *coches routiers* sur les grandes routes dont la concession fut accordée en 1837 par l'autorité royale (1), sur lesquels nous viendrons.

CHUTE DE LA COMMUNAUTÉ DES MARCHANDS FRÉQUENTANT LA LOIRE. — La période de décadence de cette association présente les caractères intéressants d'une lutte acharnée d'un pouvoir qui s'étend à tout et sur tout, contre une vieille puissance éclipsée et qui s'efface avec l'âge.

L'administration du lit de la Loire et de ses affluents était bien encore entre les mains de la communauté des marchands, mais en 1553, la surveillance avait été donnée aux maîtres des eaux et forêts, créés à cette époque ; en 1594 un intendant des turcies et des levées, et en 1599 le grand voyer de France, avaient étendu leur sanction et leur autorité au dessus des affaires particulières des marchands et avaient apporté un trouble sensible dans l'autonomie des marchands en tendant à centraliser les pouvoirs.

Pendant ce temps on rendait navigables les rivières qui ne l'étaient pas encore, par le balisage des lits, l'activité et les moyens de communication se développaient.

Comprenant toute l'importance des voies navigables, surtout depuis la création du *canal de Briare* par Sully, le ministre de Louis XIV y apporta tous ses soins. Des

(1) *Histoire des Marchands fréquentant la Loire*, T. Ier. p. 341.

ingénieurs spéciaux furent chargés de rechercher dans les affluents de la Loire les points où il était possible de développer la viabilité des rivières ; c'est ainsi que l'Indre et le Cher au-dessus de Vierzon furent rendus navigables. Les levées de la Loire ou des autres rivières détruites en Touraine par les crues, furent relevées et mises en bon état.

Depuis longtemps la communauté ne vivait plus que de nom ; son influence était passée, elle n'en avait plus que le souvenir, mais un souvenir grand et éclatant car elle avait eu pendant plus de douze siècles entre les mains la principale artère du commerce français.

CHAPITRE II

État des routes dans la province de Touraine pendant le xviii° siècle. — Postes royales, carrosses, messageries royales et postes aux lettres. — Les assemblées provinciales de 1787. — Aperçu de l'importance du commerce et de l'industrie en Touraine à la fin du xviii° siècle. — Octrois, foires et marchés importants. — Fin de l'ancien régime.

A l'époque où nous présentons l'état des routes en Touraine, d'après les mémoires des intendants et le tableau de la province de Touraine de 1762 à 1764 (1), nous trouvons la Généralité absolument organisée au point de vue des ponts et chaussées et en plein développement du réseau de ses voies de communication.

Les pièces authentiques ne tarissent pas en éloges sur l'administration des ingénieurs et prouvent d'abord combien on s'occupait de cette grave question, mais aussi quel fonds de vaines flatteries et d'adulation il y avait dans toutes les administrations du xviii° siècle.

Le corps des ingénieurs était définitivement constitué ; il y avait dans la Généralité un ingénieur en chef et sept sous-ingénieurs, répartis dans chacun des sept départements dont la Généralité était composée. Ce corps local était sous la direction de quatre inspecteurs généraux qui se partageaient le royaume, relevant eux-mêmes d'un premier ingénieur qui centralisait les services à Paris, deux trésoriers généraux des ponts et chaussées

(1) Bibliothèque de Tours, Manuscrit 1212 attribué à M. de Voglie, ingénieur en chef de la Généralité de la Touraine.

lui étaient adjoints pour l'admnistration des finances.

Il y avait dans le service local deux divisions importantes, l'une était relative à tous les travaux exécutés avec les fonds accordés par le roi, l'autre à tous les travaux de corvées dus et exécutés par les paroisses.

La modicité des sommes affectées chaque année aux ponts et chaussées par l'État, 3,000,000 de livres pour tout le royaume, n'était nullement en rapport avec les besoins, augmentant chaque jour, en présence de la nécessité de créer des voies de terre.

La corvée était le seul moyen pratique et l'État en usait largement.

Il y avait dans la Généralité 1593 paroisses sur lesquelles 801 seulement participaient par corvées au travail des routes, les autres ne se trouvant point à proximité de chemins en construction.

Dans ces paroisses il y avait 121,617 hommes corvéables et 55,842 bêtes de trait ou de somme également occupées à ces travaux.

Malgré ces conditions qui semblent cependant favorables, la construction des routes marchait avec une majestueuse lenteur; pendant l'année 1765, 5 lieues de chemin en *empierrement avaient été faites*, 48 lieues avaient été réparées et 837,161 journées d'hommes, 196,204 journées de bêtes de trait avaient été employées avec une somme de 700,000 livres pour ce seul travail.

Enfin en l'année 1765, il y avait dans la Généralité de Tours, sans parler des petits chemins qui unissaient les bourgs aux bourgs, et qui avaient été faits plutôt par le passage fréquent des gens qui en usaient que par un travail sérieux, 250 lieues ouvertes, dont 156 perfectionnées et 94 en construction. Dans ce chiffre de 156, il y avait 53 lieues pavées à la charge du roi et des villes, le reste était en pierrement ou cailloutis ; l'ensemble des travaux projetés atteignait 450 lieues de longueur et le nombre des ponts et ouvrages divers était environ de 3,000 dans toute la Généralité.

Les sommes allouées par le roi variaient entre 2 et 300,000 livres, sans compter les affectations spéciales à certains travaux comme les ponts de Tours et de Saumur qui absorbaient pendant leur construction une somme annuelle de 300,000 livres chacun.

Mais ainsi que nous l'avons dit plus haut, les paroisses participaient à ces travaux au moyen des corvées. L'ingénieur en chef traçait un état des travaux à exécuter par chacune des paroisses situées dans un rayon de 4 lieues, les plans passaient par la filière hiérarchique et le sous-ingénieur était chargé d'en assurer l'exécution au printemps et à l'automne de chaque année.

C'est ainsi constitué et organisé que le service des ponts et chaussées fonctionnait assez régulièrement et poursuivait le développement de sa mission.

Sur notre carte n° 2 de la province de Touraine, nous avons adopté le classement suivant, afin de présenter le plus clairement possible l'état du réseau routier de la province avant 1789 :

1° Voies romaines entretenues ou encore en usage, mentionnées par Cassini.

2° Routes terminées en 1766 ;

3° Routes projetées.

1° Voies romaines entretenues ou encore en usage.

La grande route tracée par les Romains qui, suivant la rive droite de la Loire allait de Paris à Orléans et à

Nantes, avait été abandonnée lors de la création des levées de la Loire.

Au lieu de suivre le haut du coteau et d'en subir les sinuosités, elle avait été établie sur les levées de la rive droite et présentait ainsi une belle ligne suivant les contours du fleuve, mais offrant un niveau toujours égal et de grandes facilités de fréquentation.

Sur la route de Chartres, la voie romaine était suivie jusqu'à Morand ; de là elle allait à Saint-Amand plus directement en passant par Saint-Nicolas-des-Motets (1).

La route romaine de Loches à Poitiers avait été conservée dans tout son parcours à l'exception de deux modifications : au point de départ, au lieu de passer à Saint-Avertin et de se diriger sur Cormery, elle suivait la direction du midi et, montant sur la côte à Grammont, elle passait près de Joué et venait au Chêne-Pendu se raccorder à la route romaine.

Plus loin, à Ligueil, au lieu de faire un long détour par Port-de-Piles, la nouvelle route allait directement à la Haye et, franchissant la Creuse, allait aboutir à Ingrandes sur la voie romaine entretenue de Poitiers.

Pour les autres lignes aucun changement sensible ne nous est parvenu en dehors des créations nouvelles indiquées ci-après.

2° Routes terminées en 1766 (2).

Au nord de la Loire, Châteaurenault était devenu le point de centre de plusieurs routes de sens divers ; la route de Vendôme à Tours traversait cette ville et passait

(1) Cartes de Cassini.
(2) Cartes de Cassini et tableau de la Province de Touraine, bibliothèque de Tours, manuscrit 1212.

à Saint-Amand, Crotelles et Monnaie; une seconde ligne raccordait Villedômer et Parçay.

De Montoire sur le Loir, une route venait en ligne droite à Amboise par Authon, Auzouer et Montreuil, avec double ligne par Saint-Ouen et Pocé. Enfin une grande route traversait le nord de la province et passait de Saint-Nicolas-des-Monts à Château-la-Vallière par Saint-Laurent, Louestault, Bueil, Villeloin, Saint-Christophe, Saint-Paterne et Brèches.

Tours était réuni à la Charte par une route qui passait à Langennerie, Cerelles, Neuvy-le-Roi et Bueil.

Enfin Château-la-Vallière était également le lieu d'un croisement considérable de routes, de Tours au Lude, par Neuillé-Pont-Pierre et par le Serrain.

De Château-la-Vallière, des routes aboutissaient encore à Saint-Mars, à Bourgueil et Chinon, à Noyant, au Lude.

De Luynes à Cléré et à Rillé, il y avait encore une route qui mettait Tours en communication avec Beaugé en Anjou.

Au sud de la Loire, le réseau n'était guère développé en dehors des anciennes voies romaines.

D'Amboise diverses routes rayonnaient vers Mosnes, Montrichard, Chenonceau et Cormery par Dierre.

De Bléré une route aboutissait directement à Loches en passant par Sublaines et Saint-Quentin; une autre à Épeigné et une troisième à Cormery.

De Loches, deux chemins allaient, l'un à Montrésor, l'autre à Châtillon-sur-Indre. Dans le Sud-Ouest, une route droite avait été construite de Tours à Chinon par Joué, Ballan, Azay-le-Rideau, les Landes-du-Ruchard et la forêt de Chinon, puis poursuivait vers Loudun et au-delà.

Enfin le cours de la Vienne était accompagné par une route utile et fréquentée dans la plus grande partie de son cours.

De Saumur le chemin venait à Fontevrault, sur la rive gauche de la Loire, suivait la Vienne par Saint-Lazare et l'Ile-Bouchard, traversait sur la rive droite et allait directement à Sainte-Maure où il se bifurquait sur Manthelan et le Louroux et sur la Chapelle-Blanche et Ligueil.

A Pont-de-Ruan, la voie romaine était poursuivie sur l'Ile-Bouchard et Richelieu, où deux embranchements conduisaient à Loudun et à Châtellerault.

A l'Est tout à fait, Saint-Aignan était relié à Écueillé et à Palluau; à Écueillé cette voie se poursuivait vers Châteauroux.

3° Routes projetées.

Dans la province de Touraine le mauvais état de certaines routes occupait les ingénieurs plus que les créations nouvelles; c'est à peine si nous voyons maintenant la trace des travaux qui se firent par la suite.

Dans le nord de la province le Serrain devait être réuni à Neuillé-Pont-Pierre. Enfin à l'est une route indécise coupait un coin de la province et unissait Saint-Aignan à Châtillon-sur-Indre.

Par les grands traits que nous venons d'indiquer on peut se rendre compte de l'importance des travaux exécutés; pour les détails, nous renvoyons le lecteur à notre carte n° 2 (carte routière de la province de Touraine avant 1789).

Postes royales, carrosses, messageries royales et postes aux lettres. — Le développement du réseau des routes, en amoindrissa⸺ ⸺ navigation fluviale augmenta la fréquentation des cl⸺ ⸺ns. Les moyens particuliers de transport ne tardèrent pas à être insuffisants; puis les besoins se généralisant dans la masse de la population, les gens qui ne pouvaient avoir des chevaux et des voitures recoururent à la location, et de là naquit l'organisation des voitures et transports publics.

Des relais de chevaux furent établis sur toutes les routes importantes, dans lesquels les voituriers faisaient halte et échangeaient leurs chevaux.

Une poste, de celles qu'on connaît sous le nom de postes royales, était dans la deuxième moitié du xviiie siècle, de deux lieues, soit 8 kilomètres ; il y en avait en Touraine seize, dispersées ainsi : Voir notre carte n° 2.

Route de Paris en Espagne.

Veuves, le Haut-Chantier, Amboise, la Frillière, l'ancien pont de Tours, les Carres, Montbazon, Sorigny, Sainte-Catherine, Sainte-Maure, Beauvais, les Ormes.

Route de Paris à Nantes.

Veuves, le Haut-Chantier, Amboise, le pont de Tours, Luynes, Cinq-Mars, Langeais, les Trois-Volets.

Route de Tours au Mans et Alençon.

Tours, la Membrolle, Neuillé-Pont-Pierre (la Roue), Château-du-Loir.

Route de Tours à Rennes.

Tours, la Membrolle, la Roue, Château-la-Vallière, Le Lude.

De longue date il existait sur les routes des messageries qui se chargeaient du transport des voyageurs et des marchandises. Les premières messageries furent instituées en France par les Universités pour le transport des étudiants. Des autorisations et privilèges leur furent concédés en 1297, 1315 et 1575, époque à laquelle l'État s'empara du service pour l'exploiter à son propre compte et former dans le XVIIIe siècle ce que nous connaissons sous le nom de *Messageries royales*.

Il y avait à Tours un bureau des messageries royales ; deux carrosses de six places faisaient réciproquement de Paris à Tours le trajet deux fois par semaine et mettaient cinq jours à l'accomplir.

Comme moyen plus rapide, il y avait un *mallier* ou messager à cheval qui gagnait un jour sur le temps du trajet ; il était employé dans les cas pressés seulement.

Pour Bordeaux le même service fonctionnait avec la même régularité, les carrosses venant du Midi stationnaient à Tours avant de poursuivre sur Paris, à des jours fixés à l'avance.

La Rochelle était en communication avec Paris et ses carrosses faisaient halte à Tours et dans les relais. Pour cette région, il y avait un messager qui, avec des fourgons à marchandises, faisait le transport pour le Poitou, l'Aunis, la Saintonge, le Périgord, Bordeaux et même Bayonne.

En dehors de ces grandes administrations, il y avait aussi des entreprises particulières qui mettaient la Touraine en communication avec toutes les autres parties de la France.

Il existait encore des messageries :

1° Pour Lyon et tout le Bourbonnais.

2° Pour Rennes, Angers et Nantes, qu'une chaise de poste reliait à Tours deux fois par semaine.

3° Enfin pour toutes les localités de la région telles que La Flèche, Le Mans, Château-du-Loir, Mondoubleau, Montoire, Vendôme, Chinon, Richelieu, Loches, Amboise, Montrichard, Châteauroux et Saint-Christophe.

Sur ces services faits avec une grande régularité vient s'en greffer une autre : la poste aux lettres.

Organisé d'abord en 1627, époque à laquelle le premier tarif fut établi, il fut affermé à des entreprises particulières en 1663 et enfin en 1791, l'État se chargea lui-même de l'exploitation en attendant 1803, année pendant laquelle fut rendue la loi qui régit encore les postes d'aujourd'hui.

Il y avait en Touraine seize bureaux de postes aux lettres dont les noms suivent : (Voir notre carte n° 2).

Tours, Amboise, Loches, Richelieu, Les Trois-Volets, Chinon, l'Ile-Bouchard, La Haye, Mirebeau, Montrichard, Champigny, Sainte-Maure, Preuilly, Langeais et Montbazon.

Les Assemblées provinciales de 1787. — Le pouvoir royal avait, depuis plusieurs siècles, lutté pour absorber toutes les administrations et les diriger à sa guise ; maintenant c'était le peuple qui réclamait sa participation à la conduite des affaires, et c'est le rôle que jouèrent toutes les assemblées politiques pour arriver, par une influence croissante, à la création des assemblées provinciales dont le conseil général de chaque département n'est que la succession.

Ces assemblées provinciales furent instituées régulièrement pour la première fois en 1787 ; elles étaient élues et composées de la même façon que les États-Généraux, mais avec les éléments locaux.

Son programme était assez étendu et, dans les affaires

qu'elles traitaient, le développement du réseau des chemins et leur entretien étaient l'objet de soins et de préoccupations constantes.

Ce sont ces assemblées qui donnèrent en Touraine une impulsion considérable au service des ponts et chaussées, et qui, en ordonnant les travaux et en versant les fonds nécessaires, secouaient l'apathie des fonctionnaires.

Des commissions spéciales s'occupaient d'étudier les projets et de provoquer les extensions réclamées par les intéressés ; ce fait est absolument essentiel à constater parce qu'il marque le point de départ de toute l'administration départementale qui devait, après les convulsions politiques, succéder à l'ancien régime (1).

APERÇU DE L'IMPORTANCE DU COMMERCE ET DE L'INDUSTRIE EN TOURAINE A LA FIN DU XVIII° SIÈCLE.—Les vieilles industries de la Touraine, la soierie, la draperie et la tannerie avaient eu un passé florissant et, par suite des évènements et surtout de la révocation de l'édit de Nantes, avaient reçu le coup le plus terrible pour leur prospérité.

Au point de vue du commerce, le *Tableau de la province de Touraine* et les autres *Mémoires* des intendants, indiquent que la production locale était beaucoup plus importante que les besoins de consommation ordinaire ; le surplus formait un commerce extérieur considérable.

Les vins des coteaux de la Loire et du Cher étaient exportés dans les diverses provinces de la France et même à l'étranger ; les fruits, les amandes et les fameux

---

(1) Voir notre brochure : *De l'influence de la révocation de l'édit de Nantes sur la population de Tours.* Bibliothèque municipale de Tours. — Société de géographie de Tours, avril 1886.

pruneaux de Tours, les osiers, les légumes, le beurre et les volailles, les eaux-de-vie provenant de Saumur constituaient un trafic particulier pour la Touraine par sa situation au centre de la production.

Il y avait aussi une série d'industries telles que forges, papeteries, carrières de pierre, salpêtrières, etc., qui avaient acquis une certaine importance et dont le commerce d'ensemble peut être évalué à environ 193,000 livres par année.

Le commerce fourni par la production des blés qui étaient presque tous transportés par eau, s'éleva, pour une période de six années, de 1752 à 1757, au chiffre de 240,666 tonneaux pour le cabotage de la province.

Il est ici important de remarquer, d'après les chiffres fournis par M. Roger, lieutenant-général de l'Amirauté de Nantes, que la moyenne annuelle du nombre des bâtiments pour la période de 1752 à 1757 qui passaient en Loire, a été de 4,235 en y comprenant le cabotage et les voyages au long cours.

Ces chiffres nous donnent une idée assez nette de l'animation qui régnait sur la Loire à cette époque et quelle importance pouvait avoir le commerce qui en résultait.

OCTROIS, FOIRES, MARCHÉS IMPORTANTS. — Au moment de l'établissement des communes, l'autorité royale avait accordé, entre autres privilèges, celui de frapper de droits spéciaux toutes les denrées qui entraient en ville. Cette première fondation des octrois se perpétua depuis lors et forma l'une des prérogatives communales. Des bureaux furent établis sur tous les chemins aboutissant aux villes et chacun fut obligé de s'y soumettre et d'acquitter les droits dont le produit passait dans la caisse municipale.

Mais ce qui constituait un autre élément de transations, c'était l'importance exceptionnelle de certaines foires et de certains marchés tenus à Tours et dans la province.

Désignées anciennement sous le nom de *Nundinæ regiæ*, ces assemblées duraient neuf jours et avaient lieu à des époques déterminées de l'année; à Tours, deux fois par an, à la saint Christophe, le huitième jour de mars, l'autre à la saint Maurice, le quinzième jour de septembre.

Sous François Ier on les nomma *Foire-le-Roy*, et la place qui, à Tours, porte ce nom, marque l'emplacement où elles se tenaient. Plusieurs fois par semaine, et principalement le samedi, un marché local avait lieu sur la place du *Grand-Marché*, située au centre de la vieille ville et qui en atteste encore aujourd'hui l'existence et l'emplacement.

Au mois de mai 1782, des lettres patentes changèrent les dates des foires et les fixèrent au 25 avril et 10 août de chaque année. Il y avait franchise pour toutes les marchandises manufacturées à Tours et à Amboise.

Divers arrêts du conseil autorisèrent en 1782 les marchands à se servir de toutes sortes de voitures sur Loire ou sur terre, car jusqu'à cette époque les *Messageries royales* étaient les seules qui pussent être employées.

Nous donnons ci-dessous l'énumération des lieux où se tenaient des foires ou des marchés importants, mentionnés également sur notre carte n° 2.

Saint-Blaise, à Cormery. — Les Écotais, à Saint-Paterne. — Les Minimes, de Plessis-les-Tours. — Marmoutier. — La Chapelle-Sainte-Radégonde, à Chinon. — La Chapelle de Notre-Dame de Beautertre, à Mouzay. — Sainte-Valérie, à Charnizay. — Le Gast, à Sonzay. — Fontaine-les-Blanches, à Autrèches. — Noyers. — Saint-

Sauveur, près Tours. — Saint-Jean-du-Grès, à Azay-sur-Cher. — La Chapelle de Jarry, à Chédigny.—Saint-Éloi, au bout du mail de Tours. — Saint-Clair, à Sainte-Radégonde. — Sainte-Anne, près de Saint-Côme. — Saint-Laurent-des-Bois, à Chambray.—La Clarté-Dieu, à Saint-Paterne. — La Chapelle-des-Anges, à Ligueil. — Saint-Barthélemy, près de Tours. — Saint-Gilles, à Saint-Christophe. — Saint-Julien, à Tours. — La Chapelle-Saint-Lazare, à Chinon. — Saint-Louans, près de Chinon. — Briard, à Céré. — La Chapelle de Saint-Martin, de Chinon.—Fontenailles, à Louestault.— Les Cormiers. La Fresnaie et Champchevrier, à Cléré.

Ainsi que nous l'avons dit déjà dans les précédents chapitres, la plupart de ces foires avaient eu pour origine des pèlerinages à des lieux vénérés, ou la fantaisie intéressée des seigneurs.

Pont-de-Ruan avait trois assemblées considérables occasionnées par un pèlerinage célèbre pendant les fêtes de la Trinité.

Villeloin, Montsoreau, Saint-Paterne, Montbazon, La Motte-Sonzay, Manthelan, Rochecotte, à Saint-Patrice, Paulmy et Champchevrier avaient obtenu des foires franches et des privilèges importants.

FIN DE L'ANCIEN RÉGIME. — Tels sont la situation et l'aspect des voies de communication de la Touraine ainsi que du commerce qui s'y faisait.

Les époques que nous venons de parcourir, dans lesquelles nous avons suivi l'émancipation des masses, et les progrès de la civilisation nous ont montré avec quelle lenteur ils se sont révélés dès le début, mais aussi avec énergie irrésistible ils ont jeté les bases des administrations intérieures du pays.

Lancée vers le progrès, nous voyons la vieille France supporter le choc des révolutions sociales et se dégager, forte et libre de toute entrave, pour entrer dans la civilisation moderne.

Avec la nouvelle direction générale des divisions nouvelles vont partager le territoire et effacer la vieille province ; de nouveaux pouvoirs vont s'imposer et poursuivre la voie des développements des voies de communication, déjà si hardiment commencée.

FIN.

Imprimerie Barbot-Berruer, rue Saint-Martin, Tours.

PLANCHE (S) EN 3.
PRISES DE VUE

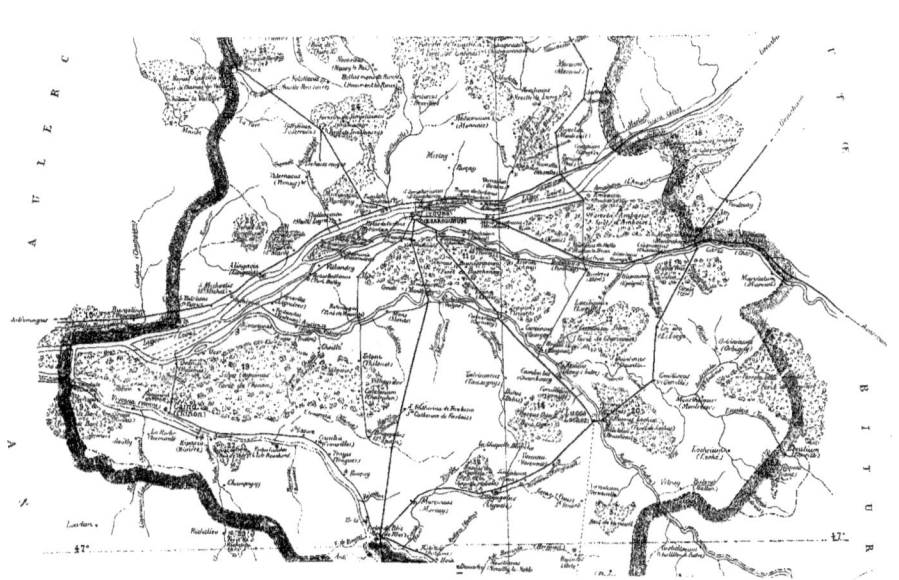

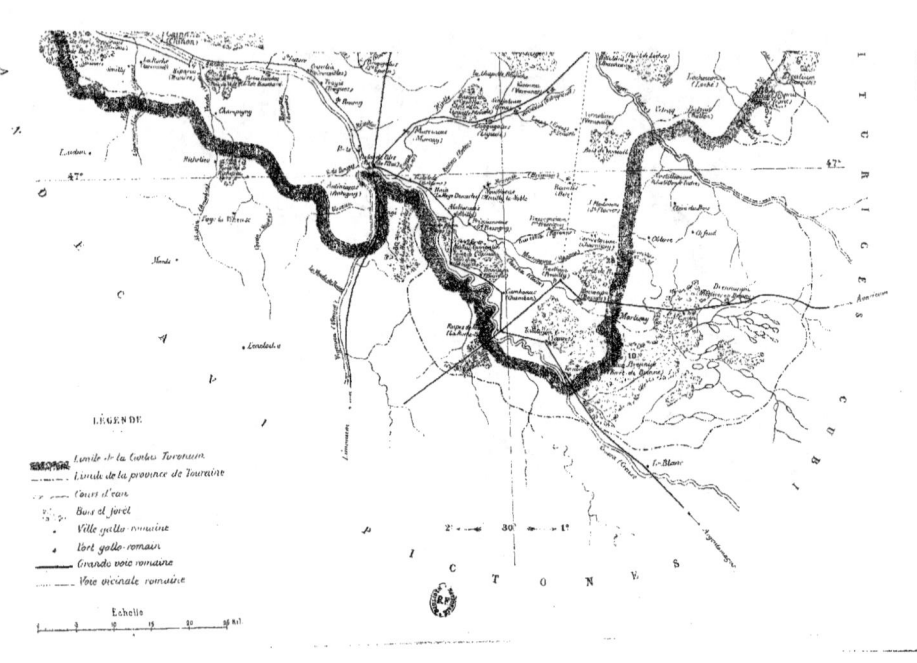

PLANCHE (S) EN 3.
PRISES DE VUE

N° 2
CARTE ROUTIÈRE
DE LA PROVINCE DE TOURAINE
en 1766
par
Auguste CHAUVIGNÉ.
1886

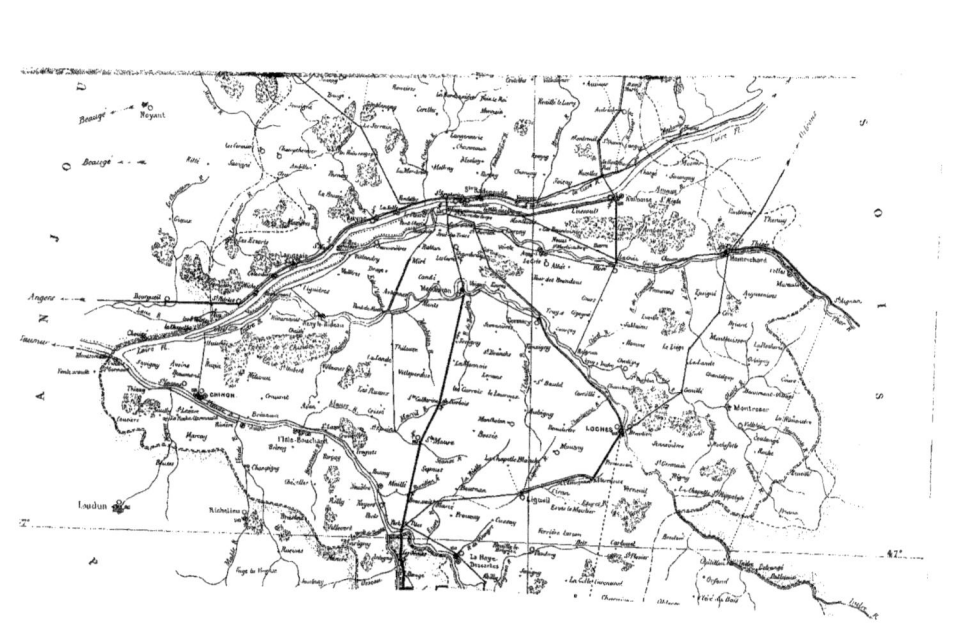

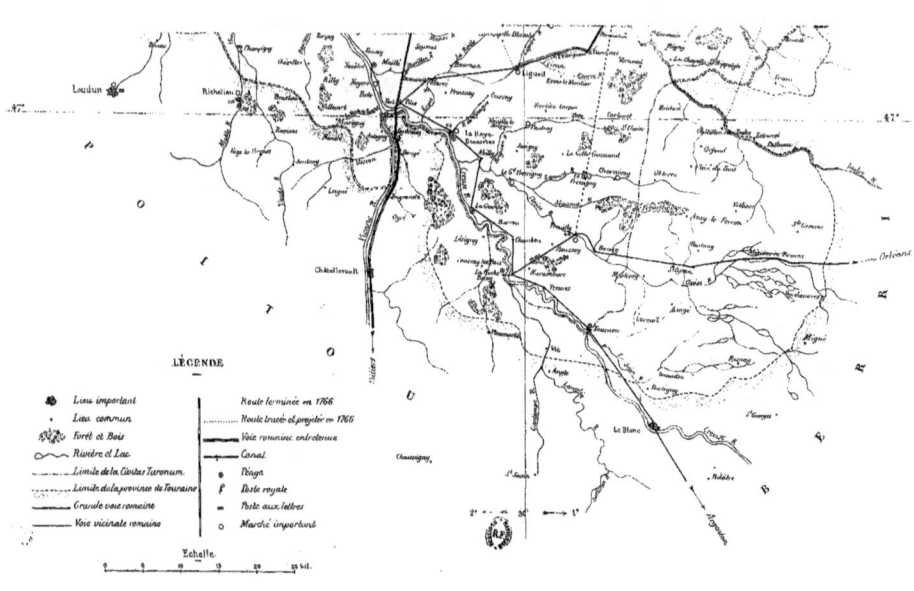

www.ingramcontent.com/pod-product-compliance
Lightning Source LLC
LaVergne TN
LVHW020953090426
835512LV00009B/1868